易理指蒙

邱德增 著

文物出版社

图书在版编目（CIP）数据

易理指蒙 / 邱德增著. — 北京：文物出版社，2022.5
ISBN 978-7-5010-7121-0

Ⅰ.①易… Ⅱ.①邱… Ⅲ.①《周易》—研究 Ⅳ.①B221.5

中国版本图书馆CIP数据核字（2022）第033367号

易理指蒙

著　　者：邱德增

装帧设计：长　岛
责任编辑：刘永海
责任印制：王　芳

出版发行：文物出版社
社　　址：北京市东城区东直门内北小街2号楼
邮　　编：100007
网　　址：http://www.wenwu.com
经　　销：新华书店
印　　刷：苏州市越洋印刷有限公司
开　　本：880×1230mm　1/32
印　　张：8.25
版　　次：2022年5月第1版
印　　次：2022年5月第1次印刷
书　　号：ISBN 978-7-5010-7121-0
定　　价：42.00元

本书版权独家所有，非经授权，不得复制翻印

自 序

2016年8月,我的首部独立专著《环境易理指蒙》,在团结出版社全体工作人员的辛勤付出下付梓发行,至今已整整五年。五年来,广大"易友"和读者对此书提出了许多宝贵的意见和建议,积极鼓励我进行修订再版。我也曾萌生修订之想,然而也深知《环境易理指蒙》是一本以易理实践和运用为主体的带有工具书性质的实践经验总结,不论如何修订,都不可能引起广大读者深入研读的兴趣了,只适合作为对环境勘察和相地有兴趣的小众读者做参考书使用。

自《环境易理指蒙》出版以来,我对《易经》的研习,不仅从未中断,反而更甚而至痴迷的程度。我读《周易》已不计其次,也阅读了众多名家学者对《易经》诠释的作品文献,每读一遍都有不同的收获,不同的感悟,更让我深感《易经》之博大精深,自己永远只是一个入门者。

纵观历代仁人贤士、博学鸿儒,对《易经》之解读,多是按照《周易》六十四卦三百八十四爻的顺序,对卦象、卦辞,爻象、爻辞进行阐释,并贯之以独特感悟,引实例以为证。有穷其象以说其理者,亦有说其理而正其象者;有明其数而完其辞者,亦有论其辞而洞其数者;有弄其占而诉其理者,亦有占其爻而正其辞者。林林总总,可谓多矣。然不论从哪个角度看，都没有离开《易经》本身所包含的"象、数、理、占"四大范畴，对于普通读者，似乎更多是停留于"于无声处听惊雷"的状态，不知其所以然。正如《四库全书总目提要》指出："易道广大，无所不包，旁及天文、地理、乐律、兵法、韵学、算术，以逮方外之炉火，皆可援易以为说，而好易者又援以入易，故易说至繁。"一句"好易者援以入易，故易说至繁"。足可说明研易之不易。

笔者才疏，不具"逮方外之炉火，援易以为说"之功，仅凭对《易经》之痴，辄从"易道"的视角，与广大"易学爱好者"分享自己的学习感悟。笔者对"易道"的理解简单明了，就是指《易经》中包含的认识世界的规律和《易经》中揭示的为人处世的道理。故本书所述之"易道"，是笔者在《易经》学习过程中的总结、提炼及挖掘出的道理。此之"易道"绝非我自己的创造，前人或其他"易学爱好者"亦有许多总结，笔者仅是站在自己学习体会和感悟的立场上，对《易经》所蕴含的深邃道理进行个别的梳理，以供读者学习参考，是为一家之言，书中观点难免存漏，还望广大研易同人和"易学爱好者"匡正。

本书分为三部分，共二十四章。第一部分为对《易经》的认识，由第一至第六章共六章构成，主要阐释什么是《易经》？《易经》包含了哪些内容？普通人如何读《易经》？读了《易经》对普通老百姓有什么好处？人们能够从读《易经》的过程中获得哪些智慧？等等。这部分内容是我初入研习《易经》殿堂的学习体会，是认识《易经》的经验总结。鲁迅先生指出："一部《红楼梦》，经学家看见《易》，道学家看见淫，才子看见缠绵，革命家看见排满，流言家看见宫闱秘事。"不同的人对文字作品的认知是不一样的，更何况作为中华文化源头的《易经》，一定是仁者见仁，智者见智。故本书前六章内容，仅是笔者对《易经》的粗浅认识，存在管见，在所难免。如果这六章内容能够为初识《易经》者，打开一扇小窗，引进一束微光，则余著此文已无憾矣！

第二部分是对《易经》中蕴含的天道、人道、地道的归纳整理，由第七至第十五章共九章构成。这部分内容是笔者对"广大悉备、无所不包"的易理世界的点滴提炼。易道广大，绝非九个方面可以涵盖，此处仅是借助"九"这个阳之极数，将研习《易经》过程中的所思所想所悟，通过文字的形式予以记录，并借助"道"的表达方式展现给广大读者。从易道的提炼看，其中的第七章《阴阳之道》、第八章《三才之道》、第十三章《中正之道》、第十五章《自然之道》四章不涉及《易经》六十四卦的具体卦例，是对《易经》通读的感悟；而其他五章则重点阐释六十四卦中某个具体卦象的义涵，进而推出其中的易理，如第九章《健运之道》主要是对乾卦的感悟，第十章《厚德之道》主要是对坤卦的感悟，第十一章《交感之道》、第十二章《合和之道》主要是对泰卦、否卦、既济卦、未济卦的感悟，第十四章《损益之道》主要是对损卦、益卦、谦卦的感悟。这部分各章排序是遵循《周易》上经宇宙生成之理而进行的排列，故而表面看来有些零乱，实则为突出了《易经》的深邃逻辑之理。

第三部分是对九个易道指导人生实践的具体运用，从认识宇宙、系统思维、积极入世、修德启智、涉世处世、修为观念、做人为人、治理社会、锤炼心性九个方面启示人们的人生智慧。人生话题，历久弥新，每一个个体生命的人生感悟都是不一样的。所以，什么是人生？这是一个永恒的话题，历代鸿儒硕学都在探索人生。笔者研习《易经》多年，从《易经》中体悟人生智慧，则是另一番感受。故而，这部分内容是笔者学《易》的心得总结。概括而言，那就是从《易经》的阴阳理论中感悟其中蕴含的朴素辩证法，启示人们确立正确的世界观；

从《易经》的三才之道中认识万事万物的构成体系，培育人们认识世界构成的系统观；从《易经》的健运之道中领会易理赋予人们的自强不息的入世法则；从《易经》的厚德之道中领悟易经引领人们厚德载物的修行道路；从《易经》的交感之道领略人生道路上的处世法则；从《易经》中正之道中感悟生命的至高性，塑造至善的为人智慧；从《易经》的损益之道中学会社会治理法则，领略古圣先贤的治世大智慧；从《易经》的自然之道中锤炼积极向上的心性观，锻造完善的人格，助力出彩的人生。

本书是响应广大"易学爱好者"之需求，尤其是近五年来研读过本人拙作《环境易理指蒙》的广大读者的呼声，是你们的鼓励和支持，是你们的来信、来函和宝贵的意见建议，让我信心倍增，推动了本书的写作。同时，本书的出版发行，是作者在前期口授爱徒及授课课件基础上的提炼和完善。是故，存在许多不足和缺陷在所难免，还望广大读者斧正，以共同推动中华传统文化的发扬光大。

俗话说，"好记性不如烂笔头"，将授徒讲课的语言变成文字，是想以此来记忆细节，重温友情。文字虽有永久记忆的优势，但将语言转化为文字，在效果上必存在辞不达意的一面，故付梓行刊，仍有许多顾虑。唐代著名易理大师曾文讪云"杨公养老看雌雄，天下诸书对不同"。既然"诸书对不同"，余亦从先师指引，鼓起勇气，屏住气，一声"吼"，不奢求，随他去了。

是为序。

2021 年 10 月

目 录

自序 001

第一卷 认识易经 001
  第一章 什么是易经 003
  第二章 《易经》包含哪些内容 016
  第三章 怎样学习易经 036
  第四章 学习易经有什么好处 049
  第五章 什么是易道 066
  第六章 我的学"易"体会 077

第二卷 感悟易道 089
  第七章 阴阳之道 091
  第八章 三才之道 100
  第九章 健运之道 108

- 第十章　厚德之道 115
- 第十一章　交感之道 125
- 第十二章　和合之道 133
- 第十三章　中正之道 146
- 第十四章　损益之道 156
- 第十五章　自然之道 167

第三卷　易中启智 177

- 第十六章　阴阳的认识观 179
- 第十七章　三才的系统观 187
- 第十八章　健运的入世观 198
- 第十九章　厚德的修行观 207
- 第二十章　交感的处世观 215
- 第二十一章　和合的修为观 226
- 第二十二章　中正的为人观 230
- 第二十三章　损益的治世观 237
- 第二十四章　自然的心性观 250

第一卷

认识易经

第一章　什么是易经

《钦定四库全书总目提要》[①]指出:"易道广大,无所不包,旁及天文、地理、乐律、兵法、韵学、算术,以逮方外之炉火,皆可援易以为说,而好易者又援以入易,故易说至繁。"可见,什么是易经?不好回答。有人说它是"天书",有人说它是"天下奇书",也有人说它是"大道之源",还有人说它是"文化源头"……凡此种种,使"易"说至繁。

一

天下奇书

提起易经,很多人的第一反应就是算命、占卜、预测、看风水。这些认识对吗?应该说只对了一部分。这是为什么呢?因为易经是我国现存最古老的经典,称它为"天书",其中确实包含许多断测人世间吉凶、祸福、占筮占测方法的内容,而这些内容往往被用于算命、占卜、预测、看风水,并经过后学者的演义和无限阐发,加入宗教的神秘内容,使之成为"玄之又玄"的"天书"。其实,易经是千古奇书,在古代被称为"群经之首,三玄之冠,大道之源",在后世称它为"万经之王，绝世名著"。易经之所以成为"天下奇书"，在于其具备独特的成书特点和深邃古奥的思想体系。

它是由符号系统与文字系统共同组成的书。符号系统就是阴阳爻，用两根断"--"（即虚线）表示阴爻，用一根直线"—"（即实线）表示阳爻，整部书由六十四组阴阳爻符组合而成，每个组合由六根阴阳爻按照不同的排列方式构成，称为"卦"，这就是人们俗称的"六十四卦"。而文字系统则是紧随每个卦、每根爻之后，对卦爻进行解释的文字。如此独特的成书结构体系，似乎在传世作品中仅此一部。

它成书过程历经多个朝代，数千年历史。《汉书·艺文志》[②]在描述易经的成书过程时称"人更三圣，世历三古"。这里的"三"不能简单地理解为数字中的三。在中国古代，"三"多表示为"多"，所以"人更三圣，世历三古"指示易经的成书过程经历多个朝代，由多位圣贤不断完善，并最终成书，才有了今天人们所看到的易经完本。保守计算，易经至少诞生于三千多年前的初周时期，如果从伏羲画八卦算起，易学的起源最少也有七八千年的历史。可见，这本书从符号开始形成到文字版完成，至少经历四五千年。一部作品写就完成，历经这么久远，这恐怕也是人类历史上成书过程时间最长的一部书了。

它包含着深邃的思想体系，文字简古，现代人很难一下就读懂它，要领会其中的思想内涵，不但需要结合中国古代其他文献，还必须了解中国古代不同时期的社会状况、国家治理制度、人文状况、文化礼仪等知识对其解读。否则，你会一头雾水，根本不理解它在讲什么。从易经整书的思想体系看，主要包含学问派和术数派两个方向的学术研究，学问派主要集中于易哲学、易理学、易医学等方面的研究；而术数派的发展就非常广泛了，至今已形成了四柱、八卦、六壬、奇门遁甲、太乙神数、梅花易数、紫微斗数、面相、手相、星相、地理、风水等多种学科，呈现百花齐放的局面。

二

何为"易"？

易经，顾名思义，就是一部研究"易"的经典，我们把"易"弄清楚了，就能知道易经到底是什么了。但是，真正想把"易"弄清楚，并不是一件容易的事。就"易"本身的解释至少有以下几种：

其一指示动物蜥蜴。东汉著名经学家许慎③所著《说文解字》记载："易，蜥易（蜴）……守宫也，象形。"这段文字解释为：易就是蜥蜴，在田野称"蜥蜴"，在居室叫"守宫"（就是现在人们说的壁虎），从形象上看是变化的。可见，"易"最原始的来源就是动物"蜥蜴"，就是人们俗称的"变色龙"，它会随着环境的变化而改变自己的颜色，伪装自己，以适应环境，从而保护自己不受外敌侵犯。因此，"易"的第一种解释就指动物蜥蜴。

其二指示变易、变化的宇宙现象，引申为阴阳的变化。许慎在《说文解字》中除了从象形上对"易"指示为"蜥蜴"进行了解释之外，他还言引《秘书》说："日月为易，象阴阳也。"从"易"字的结构看，由日月构成，上为日，下为月，指示阴阳变化。这种解释与《周易·系辞下》（第五章）所述的"日往则月来，月往则日来，日月相推而明生焉。寒往则暑来，暑往则寒来，寒暑相推而岁成焉"具有高度的一致性。可见，宇宙万事万物所呈现的时时刻刻、周而复始地不间断、不停息的变化现象就称为"易"。笔者认为，"易"所指示天下万物的常变状态应该非常符合现代自然科学的理论,自然科学关于宇宙世界的认识也是常变的、运动的。《周易·系辞上》(第五章)记载"日新之谓盛德,生生之谓易"。这里的"易"就是指事物在不断的变化之中,时时有新的东西产生,所谓"日新""生生"就是不断变化,不断更新的意思。"生生之谓易"就是说"易"的实质是揭示宇宙万事万物都是"大化流行""生生不息"的。

其三是指示不变,代表"道"。许慎在《说文解字》中还保留了"一曰从勿"的说法,强调"易者,从日从勿",这更贴近"易"字的本象。关于"勿",在《说文解字》中也有阐发:"州里所建旗……杂(色杂)帛,幅半异(旗帜的颜色半赤半白)。所以趣(聚)民,故遽(急)称勿勿。"《说文解字》的这段文字大意是说:古代士大夫(州里)所建旗帜,用不同颜色的帛制作,半赤半白,用来麇集人众,号令天下,这个旗帜就是"勿"。"勿"是一个象形字,据甲骨文形状,它像一面旗,右边是柄,左边是飘带。而"易",从日从勿者,以日为主,阳主而阴从。古体"易"字"从日从一从勿",以悬象之旗,统一号令天下,这或许就是古体"易"字的深义。《周易·系辞上》(第十一章)记载"悬象著明莫大乎日月",这里的"悬象著明"就是古人树旗帜、立名声,以正视听,号令天下的标志。而《周易·系辞下》(第一章)又说"天下之动,贞夫一者也"。用现代语言理解就是:易,是一把通过"一"而系在太阳上的旗帜,这是号令天下的最大旗帜,可使天下万物按照宇宙规律运动。宇宙间的生命运动、四时更替、冷暖变化、昼夜反复等一切现象都在于"易"。古人认为,"易"掌握着宇宙阴阳消息规则,提挈天地,统领号令天下万事万物,而且这种统领是恒常的真理,永恒不变的。换言之,人们看到了宇宙世界变化都是现象,而透过这些变化的现象其本质上存在的内在规律是永恒不变的，这就像太阳统领地球上的一切事物永远不会改变。这就是说，宇宙之中存在的真理、客观规律是不变的，所以恒常的"道"是不变的。

其四专指中国古代卜筮之书的代名词。《周礼》④中关于"太卜"的司礼过程就有"三易"之说的记载，书云"太卜掌三易之法，一曰'连山'，二曰'归藏'，三曰'周易'"。《连山》《归藏》《周易》三部筮书称为"三易"，故"易"是筮书专有名词。

时至东汉时期，著名经学家郑玄⑤所著《易赞》，对什么是"易"有了较明确的解释。《易赞》记载："《易》之为名也，一言而函三义，简易一也，变易二也，不易三也。故《系辞》云：乾坤其易之缊邪。又曰：《易》之门户邪。又曰：夫乾确然示人易矣。夫坤聩然示人简矣。易则易知，简则易从。此言其简易之法则也。又曰：其为道也屡迁，变动不居，周流六虚，上下无常，刚柔相易，不可为典要，唯变所适。此言从时变易，出入移动者也。又曰：天尊地卑，乾坤定矣。卑高以陈，贵贱位矣。动静有常，刚柔断矣。此言张设布列不易者也。据兹三义而说，易道广矣大矣。"将易经解释为"三易"的认识一直影响至今，现代学者仍对"三易"之说抱有非常肯定的看法。用现代语言表达，此"三易"就是"简易""变易""不易"。这"三易"也是易经学问派研究发展的主轴和方向。所以，现代研易者比较一致地认为：易经是认识宇宙万事万物变化的大法则。

综上对"易"的解释不难看出，我们的祖先从蜥蜴随时空环境的变化而不断改变自己颜色以适应环境、保护自己生存的行为中得到了启示，并通过仰观天象、俯察地理的实践，来认识宇宙世界之中日落日升、月圆月缺、寒来暑往、四季更替等气象变化，以求得人类更好地适应宇宙环境的变化而得以生存。据此，逐步形成和创制了研究宇宙变化规律的法则和方法的符号与文字，这就是"易"。

大家不难想象，在远古的洪荒时代，人类社会生产力极为低下，科学根本不发达，先民对于自然现象、社会现象以及人类自身的生理现象等宇宙万事万物的变化，不具备做出现代科学解释的条件，因而产生了对无形的"神"的崇拜，认为在事物背后有一个至高无上的"神"存在，并支配着人世间的一切，而中国先民认识的这个"神"就是天，或叫天象。当时的先民在屡遭天灾人祸之后，就慢慢萌发出借助"天意"来解释和认识突如其来的灾祸或人类自身行为所带来的后果，并以此警示后人，以达到趋利避害的目的。在长期的实践中，中国古代先民逐渐发现了阳光向背的阴阳气象，形成了"向阳而生，背阳而息"的思维观念，并用这种观念与"天"进行沟通，易经就是在这种条件下产生的。笔者认为，随着时代的发展，易卦符号从远古的洪荒时代开始产生，至春秋战国时期，尤其是易经传文的形成，使"易"由原来的卜筮之书发展成为具有完整性、系统性的人类洞察宇宙世界的认识论和治国安邦、修身养性的方法论，遂成为一部博大精深的哲学典籍，其思想光芒已渗透到当时社会生活的各个领域，并一直影响至今。

当然，作为一部作品，除了思想上的亘古弥新，依然离不开其成书的初衷卜筮工具，只有二者相得益彰，才能具有强大的生命力。《易经》作为中华文明最古老的典籍，仍然是思想性与成书初衷的卜筮工具的有机统一。一方面，在历代硕学鸿儒和统治者的推崇弘扬下，其思想性不断升华，其理论指导的作用日益显露，奠定了中华哲学不可撼动的源头地位；另一方面，作为成书初衷的卜筮之法，也在民间术士不断更新和完善筮法体系的基础上得到发扬光大。可见，前文所述易经的研究，朝着学问派与术数派二者并重的方向发展、传承、创新也就不足为奇了。

三

何为"经"？

什么叫"经"呢？现代人对"经"的认识就是指经典，是可以作为标准的书籍，指具有典范性、权威性、经久不衰的、经过历史选择出来的最有价值的、最能表现行业精髓的、最具代表性的完美作品。在古代，"经"解释为"织"，就是织布机上的纵向线，后世人们将"经"比喻为事物变化的规律法则和本源根本，就有了"经纬"之称，这就是"经"的义涵。将"易"与"经"结合起来就可以知道，易经是研究宇宙万事万物变化的经纬，这个"经纬"用现代文字可以理解为法则、规律、本源、根本。所以，从这个名称可以看出，易经更像是一本哲学书籍，是研究宇宙万事万物本源的，研究天地之道和人生指南的。但是，从易经所包含的内容看，可以说是无所不包，很难说清楚它是什么书？如易经包含着许多阐释宇宙特质、物质发展变化的内容，这就像是现代的自然科学；易经里有许多写着"……吉，或……凶"等判断式的语言，就很像现代的管理学、预测学；易经还有许多关于占测的具体方法，就很容易被人们理解为它就是一本算命书；易经还包含许多阐释时代发展规律的内容，这又好像是一本历史书；易经还有许多关于为人处世、人生哲理和社会治理的论述，这就像是现代的社会科学。除此之外，易经里面还有许多关于天文、地理、星象、术数、美学、音律、兵法、艺术等多方面的内容。

四

何为"周易"?

讲到易经,不得不提到另一名词《周易》[6]。当下有很多人容易将《周易》和《易经》混淆?那么,它们之间到底是什么关系呢?从广义上讲,二者是包含的关系,即易经包含了《周易》,或者说《周易》是易经其中的一部分。易学界普遍认为,在易文化的传承和发展过程中,出现过三部易经,分别是《连山易》《归藏易》《周易》。可惜《连山易》《归藏易》已经遗失了、绝传了,时至今日人们还没有发现《连山易》《归藏易》的完本。所以,今天我们所说的易经就是指《周易》这本书。因为只有《周易》是有完整的版本留传于世的,在很多考古挖掘中都发现了《周易》的完本。

也有观点认为,《连山易》和《归藏易》是早于《周易》以前的易经,《连山易》是夏朝时代的易经,而《归藏易》是商朝时代的易经,《周易》就是周朝时代的易经,这三部易经是易学的发展变化,是一种递进关系,所以根本就没有《连山易》和《归藏易》的完本了,这就好比现在的书籍出版,第一版出版后,随着时代的变迁,又出了第二版,但第二版在第一版的基础上进行了重大修订,第一版就不再使用了;又随着时代的进一步发展,出了第三版,而第三版在第二版的基础上进行了重大修订,那么第二版就不再使用了,只留传下来第三版。大家不难想象,在远古时代,没有现代科技手段,第一版和第二版的原始稿件历经数百上千年,早已遗失也不足为奇。当然,这是易学考古的范畴,笔者不予评论。

《周易》这个"周"有两种解释,其一是周普、普遍的意思,指示易道广大,无所不包,周而复始,循环往复。东汉郑玄在《易解附录·易赞易论》中说:"《周易》者,言易道周普,无所不备。"其二是指朝代的名称,即周朝,古代常称周朝的书为周书,如《周礼》《周语》等。唐代孔颖达⑦《周易正义》认为"周"是指岐阳地名,是周朝的代称;也有人认为易流行于周朝,故称《周易》;亦有人依据《史记》"文王拘而演周易"的记载,认同《周易》因周文王而得名。所以,《周易》可以理解为是一部研究周而复始、循环往复的宇宙变化的易学经典;也可以理解为是周朝时由周人所著的易学著作。

学术界普遍认为,《周易》是由中国上古先贤伏羲始画八卦、周文王演绎八卦、周公注释八卦,后经孔子发扬易学精义而建立起的重要易经学术思想体系。关于《周易》卦爻辞部分,中国近代著名历史学家顾颉刚⑧教授所著的《〈周易〉卦爻辞中的故事》一文中总结了《周易》卦爻辞制作年代的考证结论,强调"著作年代当在西周初叶",顾先生的考据结论被现代学者普遍接受。一般认为,《周易》的六十四卦及其卦爻辞为初周时期的周人所作,六十四重卦出自周文王姬昌之手,而卦爻辞为周公(旦)所作,后世统归于文王所作。

但是,关于《易传》部分归于孔子所作,后世学者有许多不同的看法。说《易传》由孔子所作,最有权威的例证,莫过于司马迁《史记·孔子世家》记载的"孔子晚而喜易,序象、系、象、说卦、文言。读易,韦编三绝"。同样,在班固的《汉书·艺文志》也记载"孔氏为之《彖》《象》《系辞》《文言》《序卦》之属十篇"。但是,后世大多学者认为《易传》成书于战国,非孔子所撰,自欧阳修《易童子问》⑨之后,数百年来已经鲜有人再信是孔子所作了,冯友兰、顾颉刚、钱穆、郭沫若等近现代一大批学者名家均认为司马迁《史记》的说法不正确,称《易传》为孔子所作,如非司马迁之误,就是汉儒刘歆所伪窜。鲁迅先生在《汉文学史纲要》中指出"谁为作者殊难确指,归功一圣亦凭臆之说"。后世学者根据《易传》的内容推测,认为《易传》成书应在孟子、荀子的性命天道之学出现以后,而且有较明显的黄老道家与阴阳家的色彩。

然而,自从1973年湖南马王堆帛书易的面世,可以说颠覆了之前学者对《易经》成书的种种看法。2013年由人民出版社出版的任国杰先生所著《童子问易》[10],以传承欧阳修《易童子问》的方式,道出了《易经》成书的新看法,不仅对欧阳文忠公关于《易传》内部存在"矛盾"的疑问给出了答案,对"三易"(《连山易》《归藏易》《周易》)的传承也给出了较为可信的说法。《童子问易》指出:"醉翁的疑古,绝非仅仅是因为他不了解古书形成的体例,更主要的是他没搞清易经'揆'与'宗'的关系和'重卦'(画卦)、'衍卦'的基本原理。"并强调指出《十翼》是孔子及孔门弟子集体作品。

任国杰先生的《童子问易》依据清华简[11]《保训》篇关于"厥有施于上下远迩,乃易位迩稽,测阴阳之物,咸顺不逆,舜即得中"的新证;《尚书》舜帝说"朕志先定,询谋佥同,鬼神其依,龟筮协从"的记载;《汉书·律历志》所说"自伏羲画八卦,由数起,至黄帝、尧、舜而大备";以及马王堆出土的《帛书易》和今传本《易经》的"尚中思想"等众多材料,经过细致考据,锁定了舜帝是"重卦之人",提出了包括伏羲、舜帝、文王、周公、孔子的"五圣同揆说",让后学者耳目一新。

《周易》如何成书?属考据学的范畴,本书不予评论。为便于后文撰写,笔者仍然相信《周易》的《传文》部分为孔子及其门徒弟子所著,是孔圣先贤及孔门弟子发扬易学精义,才有今天我们看到的《周易》全书。

《周易》成书过程虽然有种种不同的观点,但《周易》作为中华文华的源头或元典的地位，则不应有疑问。它是中国哲学思想的渊源，奠定了中国哲学的一些基本范畴，如"太极""阴阳""五行""八卦"，等等，对中国人乃至全球华人圈的影响可谓功莫大焉。至今，上至鸿儒硕学，皓首穷经；下至街头卜者，研读谋生，无不奉为圭臬，浅人浅解之，深人深究之，这本书一定是中国"经、史、子、集"中最重要、最深奥、最神秘的书。

所以，作为中国人，不可以不读《周易》！

注释：

①《钦定四库全书总目提要》是清朝永瑢、纪昀等主编的丛书，是内容丰富、较系统的研究古典文献的重要工具书，是解题式书目的代表作，是中国古典目录学方法的集大成者。于乾隆四十六年（1781）汇编成书，共二百卷。收录古籍计一万零二百八十九种，为便于翻检，次年另编《四库全书简明目录》二十卷。中华书局于1965年新印《四库全书总目》，简称四库全书总目、四库总目、四库提要。

②《汉书·艺文志》是中国最早的史志目录，属《汉书》十志之一。东汉班固在撰《汉书》时，为纪西汉一代藏书之盛，根据《七略》改编而成。作品分为六艺、诸子、诗赋、兵书、数术、方技六略，共收书三十八种，五百九十六家，一万三千二百六十九卷。班固自称对《七略》"今删其要，以备篇籍"而成《汉书·艺文志》。

③ 许慎（约58—147），字叔重，汝南召陵（今河南省漯河市召陵区）人，东汉时期著名的经学家、文字学家。编撰了世界上第一部字典《说文解字》，使汉字的形、音、义趋于规范。许慎对汉语文字学做出了杰出贡献，被尊称为"字圣"。

④《周礼》是儒家经典，十三经之一，是西周时期的著名政治家、思想家、文学家、军事家周公旦所著。《周礼》《仪礼》和《礼记》合称"三礼"，是中华礼乐文化的理论形态，对礼法、礼义做了最权威的记载和解释，对历代礼制的影响最为深远。经学大师郑玄为《周礼》做了出色的注解，由于郑玄的崇高学术声望，《周礼》一跃而居《三礼》之首，成为儒家的皇皇巨制之一。

⑤ 郑玄（127—200），东汉末年著名经学大师，易学大家，字康成，北海高

密（今山东高密西南）人，为别于郑兴、郑众父子，世称郑玄为"后郑"。郑玄精于天文历算，少而好学，不乐为官，曾入太学学今文《易》和《公羊春秋》《九章算术》《三统历》，又曾从张恭祖学古文《尚书》《周礼》《左传》，还曾从马融学古文经，成为汉代经学的集大成者，世称"郑学"。著有《易论》《易赞》，并为《周易》《周易乾凿度》《周易乾坤凿度》《乾象历》《尚书》《毛诗》《仪礼》《周礼》《礼记》《论语》《孝经》等作注。此外，还著有《六艺论》《驳许慎五经异义》《天文七政论》等著作。

⑥ 本书所称的"易经、《易经》、易、《易》《周易》《易传》、易传"等名词关系：文中不带书名号的"易经、易"是泛指易文化或易学，是统称，故"易经"与"易"含义一致，可以对等理解，"易经"即"易"；文中带书名号的"《易经》《周易》"专指书籍，就是指《周易》这本书，因《归藏易》与《连山易》已失传，所以本书中的《易经》与《周易》对等，《易经》就是指《周易》；文中带书名号的《易》泛指易学发展传承过程中形成的典籍，比《周易》的范畴更广泛；文中带书名号的"《易传》"专指《周易》的传文部分，即通称的"十翼"；文中不带书名号的"易传"泛指中国古圣先贤对《易》的解释和批注，范围比《易传》更广泛。

⑦ 孔颖达（574—648），字冲远（一作仲达、冲澹），冀州衡水（今河北省衡水市）人。唐初著名经学家、秦王府十八学士之一，孔子第31世孙。自幼勤奋好学，师从大儒刘焯，日诵千言，熟读经传，善于词章。隋朝大业初年，选为"明经"进士，授河内郡博士，候补太学助教。唐朝建立后，成为秦王府学士。贞观年间，历任国子博士、给事中、太子右庶子、散骑常侍，参与修订五礼，编纂《隋书》。贞观十四年（640），授银青光禄大夫、国子祭酒、上护军，受封曲阜县公。奉命编纂《五经正义》，融合了诸多经学家的见解，是集魏晋南北朝以来经学大成的著作。孔颖达在经学上的最大成就是奉诏主持编纂旧说府库、资料宝藏《五经正义》，书名作"正义"，一则为唐朝政府出于封建大一统之需要，对前代纷杂经说进行统一整理，编撰出一套统一的经书注释为标准，使士子习有所宗，科举取士有所依；而从经学之意义上说，所谓"正义"也就是依据传注而加以疏通解释之意。《五经正义》包括《周易正义》《毛诗正义》《尚书正义》《礼记正义》《春秋正义》五部。贞观二十二年（648），去世，终年七十五，获赠太常卿，谥号为宪，陪葬于昭陵。

⑧ 顾颉刚（1893—1980），名诵坤，字铭坚，号颉刚；笔名有余毅、铭坚等；江苏苏州人。中国现代著名历史学家、民俗学家，古史辨学派创始人，现代历史地理学和民俗学的开拓者、奠基人。著有《古史辨》《当今中国史学》《顾颉刚古史论文集》《古籍考辨丛刊》等几十部著作。《〈周易〉卦爻辞中的故事》出自《〈中国

近代思想家文库〉顾颉刚卷》。

⑨《易童子问》是宋欧阳修所撰的经学著作,共三卷。此书主要论述《易传》,并卜《系辞》《文言》《说卦》以下,非孔子所作。主要理由为,以其言繁衍丛脞而乖戾;至于所称"子曰"者,是讲师之言,并不专指孔子;又指出《说卦》《杂卦》是筮人之占书;但承认《彖》《象》为孔子所作。因采用与"童子"答问体裁加以辨证,故名之《易童子问》,收入《欧阳文忠公全集》。

⑩《童子问易》分《易问》《易宗》《易用》三篇,精彩地回答了在易学界的三个经典难题。一是欧阳修关于"易有多出"的千古疑问;二是作为"群经之首""大道之源"的大易为何并未被当今社会普遍接受和认可;三是文明绝非必然走向冲突,强调中西文明应是"文明以悦,大亨而正"的会通关系。该书作者任国杰为大连市人,其职业与周易无关,却被很多专家认为是"专业性很强的非专业学者"。

⑪清华简是指清华大学于2008年7月收藏并修复的一批战国竹简,编为《保训》《耆夜》《算法》《筮法》等篇章。经碳-14测定证实,这批竹简的年代是战国中晚期之际,文字风格主要是楚国的,简的数量共有两千三百八十八枚(包括少数残断简),竹简上记录的"经、史"类文字,大多数前所未见,曾任夏商周断代工程首席科学家、专家组组长的李学勤教授评价说,"这将极大地改变中国古史研究的面貌,价值难以估计"。

第二章 《易经》包含哪些内容

《周易·系辞上》(第六章)记载:"夫易,广矣大矣!以言乎远,则不御;以言乎迩,则静而正;以言乎天地之间,则备矣!"这段话强调,易经所包含的内容非常广泛博大,往远处说,没有什么能够界定它,它是无边无际的,这里的"御"解释为拒绝、框限、限制;往近处说,它是近到了极点,而且是一种宁静又纯正不邪的状态,这里的"静而正"指示宇宙间一切事物都稳定而各自处在自己的位置上而不违背客观规律所体现的秩序;把"易"放在天地之间,那一切东西都可以包含进来,没有什么事物能超出它的范围。换言之,就是指易经远在天边,近在眼前,无所不在,无所不包。这分明是《易传》作者对"易"的赞美之词。正如南宋理学集大成者朱熹①所著《四书集注·中庸章句》中写到"放之则弥六合,卷之则退藏于密",强调的是《易经》放之四海而皆准。

《周易·系辞下》(第十章)记载:"易之为书也,广大悉备,有天道焉,有人道焉,有地道焉。兼三才而两之,故六,六者非它也,三才之道也。道有变动,故曰爻;爻有等,故曰物;物相杂,故曰文;文不当,故吉凶生焉。"这段文字可以解释为:《易经》所记载的道理广大而包容,有上天(天道)的规律,有人世间(人道)

的规律,也有大地(地道)的规律。兼顾了天、地、人"三才"而又各分阴阳,所以每个卦由六根爻构成;六爻所体现出来的不是别的,就是"三才"的规律。而规律所体现出的现象是有变动的,所以称为爻;爻有阴阳等次之分,所以可以用来象征万事万物;万事万物相互交杂,产生纹理;而纹理有恰当的,也有不恰当的,所以吉凶就产生了。这段话说明《易经》包含了天、地、人"三才"的全部内在规律,仍然是在形容易道的博大精深,内容丰富。

那么,它到底包含了哪些内容呢?这仍需要回归《易经》作为书籍的本原,去探索它所展现的丰富内容。

一

玄妙的符号系统

前文已述,《易经》之为书,其独特性之一就是由符号系统和文字系统共同构成,而整书的排布是以符号系统为依据,文字系统是符号系统的解释和批注。

《周易·系辞上》(第十一章)记载:"是故,易有太极,是生两仪,两仪生四象,四象生八卦,八卦定吉凶,吉凶生大业。"结合《系辞》上下文,这段话可以解释为:《易经》创作之前有太极,而太极是阴阳杂合一体的。太极生化出阴阳两仪,阴阳两仪又生化出少阳、太阳、少阴、太阴四象。四象又进一步生化出"乾、兑、离、震、巽、坎、艮、坤"八卦,而八卦决定事物的吉祥或凶险,人们根据八卦的卦象对吉凶趋势做出判断,就可以成就伟大的事业。《系辞》这段论述,强调了宇宙万事万物的生化、发展和进化的全过程,这个过程绝非简单的"二分法",不是"一分为二"的过程,而是阴阳之气进行复杂的制化过程，所以古人在此特别用"生"字，而不是"分"字。

《易经》中的符号系统就源于"乾、兑、离、震、巽、坎、艮、坤"八个卦，而每个卦的最基本单元是"爻"，有两个，即阴爻与阳爻。阴爻符号用虚线段"--"表示，阳爻符号用实线段"—"表示。将三个阴阳爻符进行排列组合，就得到八个不同的组合结果，这八个组合就是八卦，即"乾、兑、离、震、巽、坎、艮、坤"，代表着宇宙世界的八大范畴，乾代表"天"，兑代表"泽"，离代表"火"，震代表"雷"，巽代表"风"，坎代表"水"，艮代表"山"，坤代表"地"。朱老夫子为后人便于识记八卦的爻符，创制了如下的八卦爻符记忆歌诀：

乾三连，坤六断；
兑上缺，巽下断；
震仰盂，艮伏碗；
离中虚，坎中满。

八卦名称、符号和指示对应关系如图表1所示。

图表1　八卦名称、符号和指示对应关系表

卦名	乾	坤	震	巽	坎	离	艮	兑
符号	☰	☷	☳	☴	☵	☲	☶	☱
宇宙指示	天	地	雷	风	水	火	山	泽
性情	健	顺	动	入	陷	丽	止	悦
物象	马	牛	龙	鸡	豕	雉	狗	羊
器官	首	腹	足	股	耳	目	手	口
亲属	父	母	长子	长女	中男	中女	少男	少女
颜色	黄	黑	橙	白	赤	紫	蓝	绿

然而,《周易》全书的符号系统由六十四卦组成。六十四卦是将上述的八个卦进行两两叠加而形成的六十四个组合,每卦由六根爻符构成。为了区别常人理解的八卦与《周易》整书的六十四卦,人们通常将由三根爻符构成的八卦系统称为单卦,将由六根爻符构成的六十四卦系统称为复卦,每一个复卦由两个单卦构成。六十四卦符号是《周易》全书符号系统的展现,其排布从乾卦开始,止于未济卦,排布顺序不是随意的,而是严格遵循易理的内在规律,按照易经所蕴含的深刻哲理进行排列。每个卦都有一个名称,卦名也不是随意的,除了八个由单卦直接双双叠加而成的复卦仍然保留原来单卦的名称外,其他五十六个卦都有各自的名称。名称中就包含本卦卦象所体现的深刻易理,如"泰卦"就包含泰和、通泰、交通的内涵,"谦卦"就包含谦和、谦虚的内涵,"大过卦"就包含过失、过错的内涵,等等。

面对一串串的符号体系,如何进行识读呢?古人早已给出了科学方法。《周易·系辞下》(第九章)记载:"易之为书也,原始要终,以为质也。六爻相杂,唯其时物也。其初难知,其上易知,本末也。初辞拟之,卒成之终。"这段文字可以理解为:《易经》所记载的道理,是从研究事物的原始状态开始,而又归纳总结它们的最终结果,然后提炼出实质的内容(即易道)。《易经》六十四卦每卦都有六爻,其构成是阴阳交错排列的,这只是为了符合时机与事物的实际情况。在六爻构成的复卦中,其初爻的卦象是难以看明白的,而上爻的卦象就容易看明白,这是因为初爻和上爻分别代表某个事物(某件事件)的开端和结果。初爻所体现的卦象是模拟事物(事件)的开始阶段,上爻所体现的卦象则代表事物(事件)发展的最终结果。从《系辞》的这段论述,我们可以很清楚地知道,识读卦象的符号,要从下往上读，一个复卦六根阴阳爻，位居最下面的那根叫初爻，倒数第二根叫二爻，以此类推，直至最上面的那根叫上爻。

《周易·系辞下》（第九章）又载："若夫杂物撰德，辨是与非，则非其中爻不备……二与四位，同功而异位，其善不同，二多誉，四多惧，近也。柔之为道，不利远者，其要无咎，其用柔中也。三与五，同功而异位，三多凶，五多功，贵贱之等也。其柔危，其刚胜邪？"这段文字可以理解为：如果用复杂的物象来展现事物的本性，区别是非，那绝非其中四爻不能完备地展现……第二爻和第四爻同属于阴性，但所处的位置不同，它们所展现出吉凶、善恶也是不同的，第二爻多为赞美之词，而第四爻多为恐惧的情况，因为四爻处在接近于君王（五爻）所在的位置。处于二、四爻的时空点，如果能够按照其阴柔的规律，不为私利而疏远别人，就能做到没有灾祸。之所以能做到"没有灾祸"，是因为充分运用了其阴柔的特点，并守持中正之道。第三爻和第五爻同属于阳性，但所处的位置也不同，处第三爻的时空点多数是凶险的，而处第五爻的时空点则多是有功绩的，这是由它们所处位置的尊贵和卑贱决定的。之所以会这样，大概是因为属于阴柔的品性而占据这个阳性位置就有危险，而属于刚健的品性占据这个阳性位置就能胜任吧！

《系辞》的这段文字，明明白白地告诉了我们怎么认识《周易》里面的符号系统。从识读顺序上看，一个复卦符号，要从下往上看，第一爻指示事物或事件处于开始的时空结合点，就如人刚出生，处于婴幼儿阶段；第二爻指示事物或事件已经发展了，而且多呈现吉祥赞美的迹象，就好比一个婴幼儿已成长到青少年阶段，不需要大人过多的呵护了，这时青少年思想纯洁，也没有太多自己的想法，是受人夸奖最多的阶段；第三爻指示事物或事件已发展到成熟阶段，多出现凶险的情况，就如人已进入青壮年，这个阶段想法很多，但经验不足，做事不沉稳，经常犯方向性错误，所以常常处于被动凶险的境界；第四爻指示事物或事件经过了前期的凶险，进入谨慎行事周期，这个阶段多有恐惧心理，但慎重行事，则无灾祸，就如人已到中年，经过了青壮年时期的磕磕碰碰，已完全成熟了，做事思考多，行事谨慎，但仍然常伴有恐惧的心理；第五爻指示事物或事件发展到极至的高点，这时候可能得到许多赞美，体现了功绩，就如人生已进入事业的巅峰期，取得了许多业绩，获得了许多荣誉；第六爻则是事物或事件的结束阶段，有喜有忧，往往因为物极必反，而忧多于喜，正如《周易·乾·上九》所述的"九六，亢龙有悔"一样，在九五爻飞龙在天的至尊之位，如果不居安思危，不收敛自己的行为，修炼自己的品行，那么很快将进入九六的亢龙有悔阶段而终结一生。

六十四卦名称、符号、构成、卦象指示对应关系如图表2所示。

为什么说《周易》的符号系统是"玄妙"的呢？这个问题可以从八卦的阴阳爻符组合的科学性、逻辑性中找到答案。前文所述的"乾、兑、离、震、巽、坎、艮、坤"八个单卦的排列顺序是《周易》先天八卦②的排列顺序，这个卦序的构成是按照数学的逻辑思维进行有序排列，它揭示了现代数学二进制与十进制之间的换算过程。只要将八卦的阴阳爻符按数学二进制理论进行定义，将阳爻转化为现代数理二进制中的"1"，阴爻转化为"0"，然后按照二进制换算十进制的方法进行计算，就可以得出八卦的排列顺序。具体运算过程如下：

第一步：按照卦象的爻符构成，将八卦转化为二进制表达式。

乾三连，纯阳之卦，用二进制表达为：乾 = (111)；

图表2　六十四卦名称、符号、构成、卦象指示对应关系表

卦序	卦名及卦符	构成	卦象指示	卦序	卦名及卦符	构成	卦象指示
1	乾	乾上乾下	乾为天	33	遁	乾上艮下	天山遁
2	坤	坤上坤下	坤为地	34	大壮	震上乾下	雷天大壮
3	屯	坎上震下	水雷屯	35	晋	离上坤下	火地晋
4	蒙	艮上坎下	山水蒙	36	明夷	坤上离下	地火明夷
5	需	坎上乾下	水天需	37	家人	巽上离下	风火家人
6	讼	乾上坎下	天水讼	38	睽	离上兑下	火泽睽
7	师	坤上坎下	地水师	39	蹇	坎上艮下	水山蹇
8	比	坎上坤下	水地比	40	解	震上坎下	雷水解
9	小畜	巽上乾下	山风小畜	41	损	艮上兑下	山泽损
10	履	乾上兑下	天泽履	42	益	巽上震下	风雷益
11	泰	坤上乾下	地天泰	43	夬	兑上乾下	泽天夬
12	否	乾上坤下	天地否	44	姤	乾上巽下	天风姤
13	同人	乾上离下	天火同人	45	萃	兑上坤下	泽地萃
14	大有	离上乾下	火天大有	46	升	坤上巽下	地风升
15	谦	坤上艮下	地山谦	47	困	兑上坎下	泽水困
16	豫	艮上坤下	雷地豫	48	井	坎上巽下	水风井
17	随	兑上震下	泽雷随	49	革	兑上离下	泽火革
18	蛊	艮上巽下	山风蛊	50	鼎	离上巽下	火风鼎
19	临	坤上兑下	地泽临	51	震	震上震下	震为雷
20	观	巽上坤下	风地观	52	艮	艮上艮下	艮为山
21	噬嗑	离上震下	火雷噬嗑	53	渐	巽上艮下	风山渐
22	贲	艮上离下	山火贲	54	归妹	震上兑下	雷泽归妹
23	剥	艮上坤下	山地剥	55	丰	震上离下	雷火丰
24	复	坤上震下	地雷复	56	旅	离上艮下	火山旅
25	无妄	乾上震下	天雷无妄	57	巽	巽上巽下	巽为风
26	大畜	艮上天下	山天大畜	58	兑	兑上兑下	兑为泽
27	颐	艮上震下	山雷颐	59	涣	巽上坎下	风水涣
28	大过	兑上巽下	泽风大过	60	节	坎上兑下	水泽节
29	坎	坎上坎下	坎为水	61	中孚	巽上兑上	风泽中孚
30	离	离上离下	离为火	62	小过	震上艮下	雷山小过
31	咸	兑上艮下	泽山咸	63	既济	坎上离下	水火既济
32	恒	震上巽下	雷风恒	64	未济	火上水下	火水未济

兑上缺，上爻生阴，用二进制表达为：兑＝（110）；

离中空，中爻生阴，用二进制表达为：离＝（101）；

震仰盂，下爻生阳，用二进制表达为：震＝（100）；

巽下断，下爻生阴，用二进制表达为：巽＝（011）；

坎中满，中爻生阳，用二进制表达为：坎＝（010）；

艮伏碗，上爻生阳，用二进制表达为：艮＝（001）；

坤六断，纯阴之卦，用二进制表达为：坤＝（000）。

第二步：将上述二进制数换算为十进制数。

乾（111）＝7，兑（110）＝6，离（101）＝5，震（100）＝4，巽（011）＝3，坎（010）＝2，艮（001）＝1，坤（000）＝0。

可见，乾数最大、坤数最小，然后根据《周易·说卦》记载的"数往者顺，知来者逆，是故易逆数也"的易理逻辑，就不难看出八卦数字序列就是按十进制的逆数规律进行排列，即"乾一、兑二、离三、震四、巽五、坎六、艮七、坤八"，这个排布顺序就是先天八卦的排布顺序。

被誉为"17世纪的亚里士多德"的德国著名哲学家、数学家莱布尼茨[③]对现代数学的"二进制"发展做出了重要贡献。他是最早接触中华文化的欧洲人之一，当时法国汉学大师若阿基姆·布韦[④]向莱布尼茨介绍了《周易》和八卦系统后，他发出了"'阴'与'阳'基本上就是他的二进制的中国版"的深深感叹，并对中国这本最古老的哲学典籍予以高度评价。他曾断言"二进制乃是具有世界普遍性的、最完美的逻辑语言"，他推演二进制的手稿《1与0，一切数字的神奇渊源》至今仍在德国图林根著名的郭塔王宫图书馆（Schlossbibliothek zu Gotha）保存着。莱布尼茨离开我们已三百多年了，今天的我们或许还有很多人不知他是何许人也。但是，当你每天打开电脑的那一刻，当你天天享受着现代计算机技术带来的便捷服务时，是否对三百年前的"1与0，一切数字的神奇渊源"有所感慨呢？现代计算机的运算基础不就是"1与0"这两个最简单的代码吗？

莱布尼茨在写给若阿基姆·布韦的信中提到："第一天的伊始是1，也就是上帝。第二天的伊始是2……到了第七天，一切都有了。所以，这最后的一天也是最完美的。因为，此时世间的一切都已经被创造出来了。因此它被写作'7'，也就是'111'（二进制中的111等于十进制的7）。当然，只有我们用'0和1'来表达这个数字时，才能理解，为什么第七天才最完美，为什么7是神圣的数字。特别值得注意的是它（第七天）的特征（写作二进制的111）与三位一体的关联。"

无独有偶，在《周易》的八卦系统中，乾卦为纯阳之卦，用三根阳爻（☰）表示，卦象指示"天"，特性是强健，《周易·乾·象》曰"天行健，君子以自强不息"。在中华传统文化当中，天历来被看作是最伟大、最神圣的，尤其是两千多年的封建帝制，皇帝号令天下都得"奉天承运"。一直以来，中华民族对"天"都有着无限敬畏与崇仰，这或许与《周易》强调"天是一切形成之本，万物生存之源"不无关系。在《周易》中，乾卦排布第一位，指示为天，是形成宇宙世界万事万物的本源，它广袤无垠，无穷无尽，幽深玄奥，复杂精妙，旷日持久，展现在人们眼前的总是日月往来，寒暑交替，周而复始。所以《周易》号召人们要效法天道，行健不止，永不停息。《周易》这种对"天"的认识，与莱布尼茨先生对"7"的认识，是否有异曲同工之妙呢？这一定是个伟大的课题，留待后人去探索吧！但是，从其象的表现形式看，乾卦是三根横线，三根阳爻（☰），而7

的二进制为"111",是三根竖线,二进制的"111",就是角度不同,形式是一致的。

二

至简的《经文》系统

关于《周易》的文字系统,人们通常将其概括为两大部分:一是《经》,二是《传》。《经》就是指《周易》的原文,也称为《周易古经》,这部分内容十分简古,全文不到五千字,它是《周易》的核心内容,是对《周易》六十四个卦象符号和三百八十四个爻象符号的直接文字解释,而且一一对应,即每一个卦象符号都有对应的卦画、卦名、卦辞;每一爻符都对应着唯一的爻题、爻辞。经文部分的文字简节干练,一字千金,描述事物准确直白,说理直截了当,论断铿锵有力,可谓"大道至简"。

为便于准确读懂《周易》,有必要对卦名、卦辞、卦德、卦画、爻符、爻题、爻辞,内卦、外卦等基本易理名词做个解释。

卦名,就是指《周易》六十四卦符号的名称。《周易》六十四卦,每一卦都有一个专有的名称,如"乾"卦、"泰"卦、"履"卦、"大过"卦、"既济"卦等。六十四卦的名称通常按照八个单卦的指示属性由上往下念,如"泰"卦,就读成"地天泰",表明泰卦由单卦的坤(地)卦和单卦的乾(天)卦组合而成,坤卦在上面,称上卦(或外卦),乾卦在下面,称下卦(或内卦);又如"恒"卦,就读成"雷风恒",表明恒卦由震(雷)卦和巽(风)卦构成,震卦居于上面,是外卦,巽卦居于下面,是内卦。

卦辞是对《周易》六十四卦的每个卦进行总括性的文字表达,

是对本卦六爻的综述，文字高度凝练，简节古朴，如果不结合《周易》的其他内容，就其文字本身很难理解。在《周易》的结构编排上，一般将卦辞放在每一个卦的卦名之后。如乾卦的卦辞就是"元亨利贞"四个字；又如泰卦的卦辞就是"小往大来，吉，亨"共六个字，都是非常简单的。

卦德指示《周易》六十四卦中每个卦所包含的品质和蕴含的哲理。通俗地说，就是《周易》的作者对六十四卦、三百八十四爻所要表达的思想。六十四卦的每个卦都由六根爻所组成，而且从下到上顺序排布，分别代表事物发展所处的不同时空点。因此，卦德往往指示两个纬度，从时间上代表一个时代、一个时段、一个时间周期；从空间上描述一个区域、一个国家、一类种群等，涵盖面非常广博。如乾卦，就称为乾德，卦辞"元、亨、利、贞"就称为乾卦四德；乾卦以龙设寓，所以乾德也称为龙德，乾卦指示天，也称为天德。具体到爻辞，如乾卦第二爻"见（现）龙在田，利见大人"，这里的"见龙"指示龙所处的时间周期，"在田"指示龙的活动空间，"利见大人"指示具体的品行。概括地说，就是龙已成长到可以深潜或飞腾的阶段，但现在的活动空间有限，只在田野上，那么此时的龙最好的行动就是寻找大人，在大人的帮助下，就可走出田野，跨越得更远。

卦画就是指《周易》六十四卦的符号，每个卦都由六条符号组成，这个图案就称为卦画，如乾卦，六爻全是阳爻，它的卦画就是"☰"。

爻符就是指每个卦象符号（即卦画）的具体构成。其基本单元是"爻"，爻是划分阴阳的（前文已述），阳爻用实线段"—"表示，阴爻用虚线段"--"表示。每个卦从最底下数起，共有六根爻，而且六根爻以不同的阴阳相互搭配，形成六十四种不同的组合。根据易经的天地人三才之理，居以下方的初、二爻指示为地，其爻象的阴阳性用"柔与刚"描述，体现宇宙万事万物之质；居于中位的三、四爻指示为人，其爻象的阴阳性用"仁与义"描述，体现宇宙万事万物之性；居于上位的五、上爻指示为天，其爻象的阴阳性直接用"阴与阳"描述，体现宇宙万事万物之气。

爻题是指阴阳爻符所处位置的名称。表示某个爻在复卦六爻中的具体位置及其阴阳属性。一个复卦六根爻，从下往上数，分别为初（即一）、二、三、四、五、上（即六）。阳爻用九表示，因为九是阳之极数；阴爻用六表示，因为六为阴之极数。《周易》中如"初六""九三""六二""六五""上九""上六"等，这就是爻题，其本身没有其他意义。

爻辞是指对《周易》六十四卦每个卦中的单条爻的说明、描述、解释的文字。每个卦都有六根爻，故每个卦都有六条爻辞，在《周易》整书的排布中，爻辞排在爻题的后面。如乾卦的第二爻是"九二，见龙在田，利见大人"。这里的"九二"就是爻题，表明此爻是阳爻并处在第二位；"见龙在田，利见大人"就是九二爻的爻辞。在同一卦中，六条爻辞之间既相对独立，又相互关联、相互作用，其表达的意思是宇宙万事万物在不同时空点的状态，将六爻关联起来，就构成了某一事物或事件的发生、发展直至结果的全过程。需要强调：《周易》一书针对乾、坤两卦在六条爻辞之外，专门增设了"用九、用六"两条爻辞，这是对乾、坤两卦的综述。所以爻辞共有三百八十六条，除了《周易》六十四卦的每卦正常六条之外，还要加上乾、坤两卦的"用九、用六"两条。

内卦、外卦是对六十四个复卦的再划分。在六十四个复卦中，每卦都由两个单卦组成，所以一个六爻复卦可分解为上半部分和下半部分，初、二、三居于下方，称为"内卦"（或称"下卦"）；四、五、上居于上方，称为"外卦"（或称"上卦"）。《周易·系辞下》（第一章）记载："八卦成列，象在其中矣。因而重之，爻在其中矣。"所以由六根爻符构成的卦就是复卦，是由原始的八个单卦经过两两叠加演变而成。如既济卦为"水上火下"，那么其内卦为"火"，就是离卦，外卦为"水"，就是坎卦；又如谦卦为"地上山下"，那么其内卦为山，就是艮卦，外卦为地，就是坤卦。

学术界通常按照《周易》经文阐述的内容和思想，将六十四卦的经文划分为上下两篇，上篇共三十卦，起于乾、坤两卦，止于坎、离两卦。《周易·系辞下》（第五章）记载"天地氤氲，万物化醇"，这八个字主要反映《易经》上篇的思想内容，阐发宇宙世界产生、发展、变化的过程，以乾坤为首，指示世界万物开始于天地阴阳交媾。乾为天，为阳，坤为地，为阴，乾坤之后为屯、蒙，象征事物刚刚开始，处于蒙昧时期……上篇终于坎、离，坎为月，离为日，指示光明，象征宇宙万事万物已活生生地呈现出来。所以，上篇主要论述天地之道。

下篇共三十四卦，起于咸、恒两卦，止于既济、未济两卦。《周易·系辞下》（第五章）又载"男女构精，万物化生"，"咸"为交感之义，指示男女交感，进行婚配；"恒"为恒久，指示夫妇白头到老。下经以咸、恒卦为始，象征天地生成万物之后，出现人类、家庭、社会。社会形成以后，充满矛盾，一直发展到后来的"既济"，达到成功、完美的情状，但最终要回归"未济"，揭示宇宙事物发展无穷无尽，没有终止。所以，下篇主要论述人道。

从《周易》经文的文字表达（即卦爻辞）形式看，每条卦爻辞大体上遵循两种写作情形：一是以取象为基础，进行事理阐释；二是对宇宙事态现象的总结判断。

所谓"取象"是通过对观察到的现象（包括事件、事情、自然现象）进行描述、论证，并以此说明某个道理，以警示和引导人们的正确行动。这也是中国先民认识宇宙万事万物的基本方法。所以，取象的前提是观象。《周易·系辞下》（第二章）记载："古者包羲氏之王天下也，仰则观象于天，俯则观法于地，观鸟兽之文，与地之宜，近取诸身，远取诸物，于是始作八卦，以通神明之德，以类万物之情。"这段文字是说：在远古时代，包羲氏（伏羲）之所以能够成为人们的首领，统领天下，是因为他仰观天上的气象，了解气象的变化规律，俯察大地，勘察大地上一切事物的变化过程，总结大地上事物变化的规律，观察飞鸟野兽的行为现象，选择大地上呈现的现象的物理法则，浅显的就直接从某种个体的身上获得，深奥的就从大地的万事万物中获得，在这个基础上创制了八卦，并用"八卦"来认识和解释宇宙世界之中的万象，以达到通达神灵、看清事物本质的情境。很明显，《系辞》的这一段文字论述，是引导人们注重取象观法，强调人们只要以"易"观象、以"象"观物、以"象"观人、直至以"象"观察宇宙万事万物，就能走上通达神灵、了却万事万物的道德境界。所以，"取象"是《周易》经文写作的基础，也是中国古圣先贤认识宇宙世界的基本方法论。可以说这个"取象"之法，一直影响至今，已深深融入中华民族的血脉之中，成为我们固有的文化基因。

所谓"判断"就是直接下结论，从语言文字的角度看，就是做断语。在《周易》中，多用"吉、凶、悔、吝、咎"等词汇。这或许与《周易》最早作为卜筮之书有关。在占卜过程中，要根据占问者的求问，做出对卦象的判断，最后给出结果。

需要强调，《周易》经文部分作为本书的核心内容，并不是所有卦爻辞都是由"取象"和"判断"两部分组成。古人用字惜墨如金，只要能够说明事理，或已有结论，就不需要经过"取象"之后而判断；有些"象"本身已很能说明其事理了，就没有必要再做判断了。所以，从《周易》全部经文看，并不是每条卦爻辞都是由两部分组成，有的没有取"象"就直接下断语，如恒卦的九二爻"悔亡"，就两个字。也有的没有断语，直接描写"象"的情况，如大畜卦的九二爻"舆说輹"，就三个字，这里的"舆"是指车子，"说"同"脱"，是脱离的意思，輹就是车轴，整句爻辞的意思是说车身与车轴脱节了，其"象"就是车子坏了，指示为事物发展至此停止，不可能继续下去。

三

深邃的《传文》系统

《周易》的传文是用于解释和说明经文的内容，共分为十篇，通常称之为《周易大传》，或称《易传》，也简称为《十翼》。传，在中国古代有"解说"的意思，凡解说、阐发经典著作的书和文字，皆可称为"传"，如《春秋左传》，就是左丘明为《春秋》所做的注释。"翼"是什么呢？就是羽翼，就是小鸟的翅膀，就是说传文是《周易》不可缺少的，就像是《周易》的翅膀，如果没有翅膀，那么《周易》就飞不起来了。所以传文也非常重要，它与《周易》经文是相辅相成的，是注释解说《周易》的著作，是学习《周易》经文必备的材料，离开了传文，那古奥的经文确实非今人可以解读矣！所以，笔者认为，要读《周易》，首先要先读《周易》的传文，传文毕竟是春秋战国时期的作品，离我们的时代更近一些，还能读懂一些，而经文是上古时期，至少是初周时期的作品，离我们太久远了，确实很难一下读懂，今人只有借助传文的解说，把传文先弄懂了，再去理解古奥的经文就容易多了。

说"十翼"，就是有十只翅膀，包括了《彖》《象》《系辞》《文言》《说卦》《序卦》《杂卦》，共七部。为什么又说是十只翅膀呢？因为其中的《彖》《象》《系辞》三部又各分为上下两篇，加上另外四篇合起来就成了"十翼"。

第一《彖》传。《周易·系辞上》（第三章）记载："彖者，言乎象者也。"彖，即"卦象辞"，是对卦象的解释。唐代孔颖达在编撰《五经正义》过程中，依据汉魏以来的注释，将"彖"解释为"断"，即依据卦象以判定某卦的吉凶。《彖》传是传世七部易传之一，分《上彖》《下彖》两篇，其内容为论断《周易》六十四卦的卦名、卦辞的意义，但不解释爻辞。《彖》可以独自成篇，但今人所见《周易》通行本（注疏本）一般分列于六十四卦的经文之后。在通行本中出现"《彖》曰"后的文辞就是《彖》传的内容。如乾卦的《彖》传，一般表示为《周易·乾·彖》，文辞为："《彖》曰：大哉乾元！万物资始，乃统天。云行雨施，品物流形。大明终始，六位时成，时乘六龙以御天。乾道变化，各正性命，保合大和，乃利贞。首出庶物，万国咸宁。"这一段文字，就是对乾卦的卦象及卦辞"元亨利贞"的解释和说明。《彖》是专释《周易》卦辞的，所以整部《彖》共六十四条，对应六十四卦，并按照六十四卦经文的划分方法，分为上下两篇。

第二《象》传。象就是指自然之象，是自然界的事物所呈现的容貌、形态。《周易》中的"象"是对自然界中的物象加以概括整理，并通过卦表现出来的，所以《象》传之象，特指"卦象、爻象"

所承现的形态。《象》传也是七部《易传》中的一部，《象》传共有四百五十条，除解释六十四卦的卦名、卦辞的六十四条外，还有解释三百八十六爻（包括乾、坤两卦的用九、用六二爻）的象辞。通常将解释"卦"的称大象辞，主要从上下卦的卦象组合，推阐"卦"所指示的社会伦理与道德修养意义；将解释六爻的称为小象辞，主要用以说明爻象的指示和喻意，阐释爻辞的内涵。如《周易·乾·象》曰："天行，健；君子以自强不息。潜龙勿用，阳在下也。见龙在田，德施普也。终日乾乾，反复道也。或跃在渊，进无咎也。飞龙在天，大人造也。亢龙有悔，盈不可久也。用九，天德不可为首也。"这段象辞中"天行，健，君子以自强不息"就是解释乾卦的整个卦象，就属大象辞，而其他内容则是解释乾卦每一爻的，就属小象辞。

第三《系辞》传。系是系属的意思，辞是文辞的意思。系辞，指系属在卦爻之下的文辞，是系附在《周易》后面关于《周易》的通论。它探讨了"易"的起源，揭示经文的意涵和性质，尤其是对《易经》的哲理做了高度概括而又精妙深入的阐释；阐述了乾坤两卦在《周易》中的地位与作用；揭示了《周易》的作用，强调了"易"是人类认识事物规律、预知未来、修德养性、安邦治国、观象制器的法则。同时，说明了《周易》体例，包括卦位、作用、爻位、爻德等；还具体讲了卜筮的方法（如大衍筮法），并对卜筮根据做了说明，等等。内容博大精深，非常丰富，可以说是传世于今的七部《易传》中，思想水平和学术水平最高的作品，是学《易》必读之篇目。整部《系辞》共二十四章，可分为上、下两篇，但《系辞》的分章并不统一，当今流行的有两种分法，一种是上篇十三章，下篇十一章；另一种均分法是上、下篇各十二章。为便于行文引用的统一，本书在引用《系辞》原文时采用均分法。

第四《说卦》传。《说卦》是系统地解说八卦的专著，主要说明八卦的产生、性质、功用以及八卦指示的方位和八卦所代表的卦象意义，指示八卦所象征的具体事物及其特性，这也是打开《易经》奥秘的金钥匙，《说卦》里面有很多的指示，都是后人认识宇宙万事万物的基本方法。

第五《文言》传。《文言》是专对乾、坤两卦的重点解释，其他卦没有《文言》传。《文言》通过注释乾坤两卦的卦辞，阐发了天地阴阳变化的法则，君臣上下安邦治国的理想，个体生命修身养性、修德启智的路径。可以说《文言》的注释，无论是从思想内容还是理论深度，都远超乾、坤两卦的卦爻辞所阐释的内容。就《周易》而言，乾坤两卦是最重要、最关键的，将这两卦理解透了，对学习其他六十二卦具有很好的示范作用。或许因此，就撰《文言》之说，历来有多种看法，有观点认为《文言》纯粹是为了"文饰"乾坤，以体现乾坤德大；也有观点认为《周易》卦爻辞为周文王所作，故专撰《文言》；还有观点认为，撰《文言》是依文言理，等等，说辞众多。本书暂且不论古人为何撰《文言》，仅就学《易》而言，必须深入理解领会乾坤两卦的深邃内涵和意义，而《文言》则是不得不学的重要内容。

第六《序卦》传。《序卦》是专门讲述六十四卦排列顺序的，它从卦名的含义上，依次推导六十四卦为什么会这样排列，为何乾、坤两卦要放在最前面，上篇为何以坎、离两卦结束。下篇为何要以咸、恒两卦开始，而终于既济、未济两卦。如《序卦》以"有天地然后有万物"来说明乾、坤两卦居《周易》之首的排序意义；又如以物极必反、因果联系、相互作用的辩证观点，解释卦与卦之间的关系，等等。《序卦》不但揭示了卦符的排列顺序，也蕴含非常深奥的人生哲理，非常值得深入学习。

第七《杂卦》传。《杂卦》主要是说明六十四卦卦名的含义与特点。它没有按六十四卦的顺序进行阐释，而是将意义相对或相关的卦放在一起进行对比说明。因为在顺序上错综复杂，故称《杂卦》。

注释：

① 朱熹（1130—1200），尊称为朱子，朱老夫子，又称紫阳先生、朱文公，字元晦、仲晦，南宋徽州婺源县（今江西省上饶市婺源县）人，生于福建路南剑州尤溪县（今福建省三明市尤溪县），南宋理学家，程朱理学集大成者。朱熹历高宗、孝宗、光宗、甯宗四朝，他总结了宋代理学思想，建立了庞大的理学体系，开创了紫阳学派，校订了四书，成为后世科举应试科目。朱熹一生著书众多，现存著作共二十五种，六百余卷，总字数在两千万字左右，主要有《周易本义》《启蒙》《蓍卦考误》《诗集传》《四书集注》《论语集注》《孟子集注》《太极图说解》《通书解》《西铭解》《楚辞集注辨正》《韩文考异》《参同契考异》《中庸辑略》《孝经刊误》等。后人编朱子《文集》一百卷，《续集》十一卷，《别集》十卷，阁人辑录的《朱子语类》一百四十卷。

② 先天八卦由乾坤定南北，坎离定东西，以天南地北为序，上为天为乾，下为地为坤，左为东为离，右为西为坎，故先天八卦数是：乾一、兑二、离三、震四、巽五、坎六、艮七、坤八。先天八卦是相对于后天八卦而言的，易学界普遍认为先后天八卦的划分始于北宋著名理学家、数学家、诗人邵雍先生，在邵子之前，没有区分不同八卦体系。邵子继承了陈抟的道家易，在《皇极经世》《梅花易》等著作中公开了很多易学的较高级知识，包括二种八卦的区分。他把《周易·系辞上》中的"天地定位"而引出的一分为二的八卦方位图，称为先天八卦，又名伏羲八卦；把《周易·说卦》中"帝出乎震"那段谈及的八卦序列，称为后天八卦，又名文王八卦。朱熹《周易本义》采用邵子说法和图案，使得其说流行。

③ 莱布尼茨（Gottfried Wilhelm Leibniz，1646—1716），出生于德国莱比锡，毕业于莱比锡大学，德国哲学家、数学家，被誉为"17世纪的亚里士多德"。其主要成就体现在哲学和数学中的许多重大建树。在哲学方面，推动大陆理性主义达

到高峰，在单子论、符号思维、形式逻辑等方面都有重要贡献，预见了现代逻辑学和分析哲学的诞生；在数学方面，主要贡献是微积分、二进制理论。主要代表作品有《神义论》《单子论》《论中国人的自然神学》等。

④ 若阿基姆·布韦，（法语名 Joachim Bouvet，1656—1730），汉名白晋，又作白进，字明远，耶稣会法国传教士。1684年，白晋受法王路易十四选派出使中国传教，出发前被授予"国王数学家"称号，入选法国科学院院士。1685年3月3日，使团自布雷斯特起航，并于康熙二十六年（1687）抵达浙江宁波。白晋因精于天文历法，于次年入京，被康熙留用，随侍宫中。白晋为康熙讲授《欧几里得几何》。康熙三十二年（1693），康熙派遣白晋为使者，出使法国。康熙四十七年（1708），白晋、雷孝思等传教士，奉帝命测绘中国地图。而白晋才出京门，确因乘马受惊，跌落马下，腰痛不能继续前行，留陕西神木县养病，后返北京休养，集各传教士所绘分图，汇成全中国总图。康熙五十六年（1717），赐名为《皇舆全览图》。

第三章　怎样学习易经

《周易·系辞上》(第十二章)记载:"极天下之赜者存乎卦,鼓天下之动者存乎辞,化而裁之存乎变,推而行之存乎通,神而明之存乎其人,默而成之,不言而信,存乎德行。"这段文字的大意是:解决天下所有纷繁复杂事情的法则存在于卦中,激励鼓动天下人正确行动的方法存在于卦爻辞中,要领悟并运用"易"中包含的道理存在于卦爻的变动中,推演而施行"易"中的大道则表现在用"易"的融会贯通上,要使"易"的运用达到神妙并使人们明白其中的意思则在于用"易"之人本身,只要按照《周易》所揭示的方式默默地去做,就能成就卓越的事业,不必多言但须讲求诚信,这一切的行动都表现在对道德品行的修养中。笔者认为,《系辞》的这段文字,已经清楚地告诉了我们要怎样学"易"了。概括而言,就是学习《易经》要做到"在卦象中问道,在爻辞中寻道,在变化中行道,在贯通中施道,在自我内心中悟道"。

一句"神而明之存乎其人"简明扼要地指出了学易的最重要方法,就是"存乎其人",就是在于学易者本人自己。其实任何著作都一样,要能读好、学好,并且用好,都在于读者本身,也就是"存乎其人",在于读书人自己及其内心的正念与坚持。反思笔者学易的心路历程,要做到能够将《易经》真正学进去，而且掌握其中的道理，用于指导自己的行动，至少应该遵循以下三条法则。

一

追寻易道不变的法则

面对素有"群经之首""三玄之冠""文化之源""智慧宝典"等众多头衔的《周易》，我们是否有一些简易的办法，能够较快地读懂它、领会它，并且很好地运用它呢？笔者认为，除了很好理解前文《系辞》给我们的启悟——"存乎其人"之外，还要回归《易经》作为典籍的本原，按照《易经》告诉我们的道理，去学习，这样不但可以轻松地学进去，也容易学懂。

明代编纂的中国道教史上重要著作《正统道藏》[①]记载："易有三义：不易也，变易也，简易也！不易者，独立而不改也。变易者，四时更代也。简易者，天地简易也。"这"三易"告诉了我们，《易经》中一定包含着亘古不变的而且简单的大道，这就是我们学习《易经》在追寻的不变法则。我们不妨来分析一下这"三易"的特点，什么是不易的，什么是变易的，什么又是简易的呢？

"不易者，独立而不改也。"这是指《周易》中强调的宇宙大道的运行规律是永恒不变的。如太阳起落、月亮盈亏总是周而返复地进行；四时更替，春夏秋冬，周而复始；人生轨迹生、老、病、死，循环往复，等等。这些宇宙世界普遍真理就是不易的。

"变易者，四时更代也。"这是指《周易》中强调的宇宙万事万物时时刻刻都是在变化之中发生、发长、迭代更替。如草木从破土而出到枯萎死亡，无时无刻不再变化；生命体从出生到死亡，也是无时无刻不断地发生变化；四时更替，寒来暑往，气象状态每时每刻都在变化之中。等等。这些就是宇宙万事万物变易的一面，这种变化总是随着时间的推移，而不间断地进行着。

"简易者，天地简易也。"这是指《周易》中强调的"一阴一阳之谓道"。乾为天，为阳，坤为地，为阴，天地简易就是指阳阴简易。中国古人认为，宇宙万事万物都是"阴阳制化"的结果，"天地氤氲，万物化醇。男女构精，万物化生"。这里强调，天地（阴阳）之气相互缠绵交融，万物就此化育而醇厚完美；男女（雄雌）精气阴阳交欢，万物就此化育而生生不息。这种以"阴阳制化"为基础的宇宙世界生产的道理是简单的、明了的，这就是大道至简。

通过上述分析，我们找到了《易经》中不变的简易法则就是"一阴一阳之谓道"。《周易·系辞上》（第五章）关于阴阳之道是这样描述："继之者善也，成之者性也。仁者见之谓之仁，知（智）者见之谓之知（智），百姓日用而不知。故君子之道鲜矣！"可见，《系辞》很明确地告诉了人们，对于"阴阳之道"，能够继承它的就是行善的表现，能够成就它的，就能塑造高尚的品性。具备高尚的道德品质的人看到它就说它体现出高尚的仁德，具备聪明才智的人看到它就说它体现了伟大智慧，百姓日常生活中每天都在运用它却不知道它的存在，所以真正懂得阴阳之道的人很少了。

《易经》认为"阴阳之道"是存在于宇宙世界之中亘古不变的法则，是创制宇宙世界的本源。所以，我们学习《易经》最重要的一条就是先弄明白什么是阴阳？只要我们把"阴阳"弄懂了，那么就掌握了学习《易经》的第一剂良方，就能较好地把握住整部《易经》典籍的精髓。虽然《周易》中没有直接对什么是"阴阳"下过定义，但不论是《经文》还是《传文》，通篇到处闪烁着"阴阳"的光芒。所以，想学好《易经》，首要前提就是要先理解"阴阳"。

阴阳是中国古代哲学的重要范畴，是中华文化的源头，被誉为"中华文明的核心"。阴阳作为哲学范畴，它是描述集成系统，而不是孤立的单一元素，其实质是表达"对立统一"的立论思想，其本质是揭示宇宙世界一切事物运动变化的规律。中国古人运用"阴"与"阳"两种不同属性来描述和推理事物的运动变化，从而揭示宇宙世界万事万物发生、发展、变化的规律。中国古人认为，宇宙世界任何事物都构成对立统一体，在这个统一体中存在相互独立又相互关联的两种属性"阴"与"阳"（或者称"阴气"与"阳气"），万事万物的发展变化都是"阴阳二气"相互转化和相互制衡的结果。阴阳学说的这一立论思想，将纷繁复杂的宇宙世界转化为简单明了的"阴阳"二重性，为人类认识宇宙世界提供了基础工具，这或许是中华文明可以几千年不断传承和发扬光大的真正内因所在。在中国传统文化体系中，阴阳学说处于核心的地位，可以说离开了"阴阳"，中华文化的传承就失去了纽带，国学体系之中的易学、道学、儒学、中医学等都将失去基础。尤其是易学，更是离不开阴阳理论揭示的宇宙世界平衡、制衡以及对立统一规律。因此，学习《易经》，应先认识阴阳。到底什么是阴阳呢？有兴趣的读者可以参阅笔者2016年所著的《环境易理指蒙》[②]第一章，本书对阴阳学说的具体内容不再赘述。

二

探寻圣人的问"易"之路

自《周易》成文以来，不计其数的中国古圣先贤和鸿儒硕学都在研读它、研究它，如果说研究最透、最有代表性的莫过于中国最伟大的圣人孔老夫子了。孔子学《周易》达到了痴迷的地步，这是有历史考证的。太史公《史记·孔子世家》记载："孔子晚而喜《易》……读《易》韦编三绝。曰'假我数年，若是，我于《易》则彬彬矣！'"《论语·述而》也记载："子曰'加我数年，五十以学《易》，可以无大过矣！'"此二者史料，足以证明，孔子晚年学易，韦编三绝，达到了痴迷的地步，才会对《易》发出"彬彬矣！"和"无大过矣！"的感叹。而今，我们看到的《周易》完本，则不得不感叹圣人之伟大，孔子晚而学《易》之后，编撰《十翼》，为《周易》插上十只翅膀，将《周易》从一本卜筮之书提升为中国最具价值的哲学经典。

关于孔子学《易》的过程，后学者有许多不同的看法和论述。尤其对"加我数年，五十以学《易》，可以无大过矣"有很多不同的看法，到底孔子是不是五十岁后才开始学《易》呢？为什么年轻的孔子不学《易》呢？五十岁之前孔子是否有"大过"呢？这些疑问，都是在探究圣人的问"易"之路，不论哪一种观点，都无可厚非。但是，毕竟传世于今的《周易》完本，包括了《十翼》的内容，而且《十翼》之中多处出现"子曰"的章句。可见，今本《易传》由孔子及孔门弟子整理而成《传》是毫无疑问的。

西汉文献《周易乾凿度》[③]记载着一则很有意思的故事。据说，孔子早年并不好《易》，而且事业不得志。他一直有治国报国之志，但并不如意，在仕途上一生中只做过几回小官，时间也不长。就在孔子周游列国的过程中，有一次遇到了当年好易的弟子（当时的易学大师）商瞿[④]。于是，他叫商瞿给他卜上一卦，问问他的事业和自己治国的志向是否可以实现。商瞿按照《周易》的卜筮之法，给孔子占了一卦，得到的结论是"火山旅"卦，卦象显示上火（离）下山（艮），山上有大火。看到这个卦象,商瞿就告诉孔子说:"先生,您有圣智而无圣位。"意思是说:先生你没有必要再游列国了,纵然你有伟人的智慧,但是没有做官的命运。孔子听后,感慨万千,泪流满面,仰天长叹:"呜呼,凤鸟不来,河无图至,时也,命也!"

或许是受到商瞿卜的这一卦的启发,孔子再次研读《周易》,之后则"韦编三绝",一发不可收实,直至晚年发出了"假我数年,若是,我于《易》则彬彬矣!"的感叹,并以"述而不作,好古敏以求之"(《论语·述而篇》)的方式,为《周易》插上了十支翅膀(作《十翼》)。《周易乾凿度》记载的这则故事,我们已无法考证其真伪,但它不影响我们对圣人问易的追寻。"述而不作"恰恰说明,孔子在编撰《十翼》过程中,不是离开了《周易》原有的经文,自由创作,而是通过"述"的方式表达他对《易经》的理解,"述"本身就是一种"解释"。

虽然自北宋欧阳醉翁发出"易童子问"以来,历代硕学鸿儒对太史公司马迁说"孔子'序《彖》《系》《象》《说卦》《文言》'"提出疑问,认为这未必准确。但是,孔子对《易传》的编撰起到最重要、最关键影响作用,则是可以肯定的。《易传》作者并非一人,其创作过程或许历经几代的孔门弟子,而且各个时代都有各自的时代背景和创作者的独立思考,使《易传》对《易经》的诠释更趋于完美,这或许更符合事实。但是,他们都受到孔子学说的影响,其立论方式或许不同,但都是围绕"天人合一"这个中心命题而展开论述的。

为什么这么说呢?我们可以从《论语》中窥探出一些论据,前文提到在《论语·述而》中,孔子说:"加我数年,五十以学《易》,可以无大过矣!"这里的"五十以学《易》"是否指孔子到五十岁才学易呢?后人不得而知。但在《论语·为政》中留下了孔子的名句:"吾十有五而志于学,三十而立,四十而不惑,五十而知天命,六十而耳顺,七十而从心所欲,不逾矩。"这大概是孔老夫子对自己一生修养过程的最好总结。这里强调了"五十而知天命"。由此可见,五十岁是孔子一生中非常重要的时期,即"知天命"之年。所以,孔子说"加我数年,五十以学易",说明一个人活到五十岁很不容易(五十岁,对于两千多年前的时代,已算是长寿老人了)。孔子说这句话,显然是将学习《周易》看成是一种很严肃和敬畏的事情,认为只有到了一定的人生阅历和累积了一定的智慧之后,才能读懂《周易》。"五十"不一定就指"五十岁",它可以代表人生的一个阶段,并不是一定要等到五十岁这一年才开始学易。我想孔子在总结其一生修养过程时说"五十知天命"的"五十"也应该这样理解吧!

问题的关键是这两句话都提到"五十",而前一句话讲"学易",后一句话讲"知天命",此二者是否有必然的联系呢?这才是值得后人关注的。笔者认为,二者有非常重要的联系,"学易"而后"无大过",实际就是"知天命"而后可以"无大过",因此,理解孔子思想的"知天命",对我们探寻圣人的问"易"之路才是最关键的。

那么何为"天命"呢?究其本义而言,指示上天的命令,以及上天对人世间的主宰,它发源于上古时期的"天神"信仰,这个从《易经》最早作为卜筮之书,就可以很明显看出。卜筮的目的就是征求天意,预测决定人事,趋吉避凶。所以,卜筮本身就是对天意的敬畏和遵从,在周代已非常流行。《礼记·表记》记载:"子言之:昔三代明王皆事天地之神明,无非卜筮之用,不敢以其私,亵事上帝。"《礼记·曲礼上》也记载:"卜筮者,先圣王之所以使民信时日,敬鬼神,畏法令也;所以使民决嫌疑,定犹与也。"从这些记载不难看出,在孔子看来,尧、舜、禹三代明王,都是通过卜筮的方式来征求上天的旨意，祭祀的一切活动无不取决于卜筮的结果，决不敢妄逞私意而违背上天的旨意，三代明王都是按照卜筮的结果去指导百姓的行动，而使百姓"信时日，敬鬼神，畏法令"。这表明，上古时代有德明君都对天地神明和上天有着崇高的敬畏之心，都是按照卜筮的结果来顺从天意。同时，也不难看出，上古时代君临天下，都是借助"天"的旨义而号令天下，这分明是帝王在向百姓表明，他们的行为和法令是符合天意的，是天神的旨义，带有了明显的宗教色彩。然而，孔子的"知天命"观，则完全摒弃了上古时代人们对上天敬畏中带有"神学"的部分，去掉了"天"的人格性，但保留了天命的主宰性与必然性。所以，孔子的"乐之天命"与上古时代人们对"天"的理解是不同的。《论语·阳货》记载："子曰：'天何言哉？四时行焉，百物生焉，天何言哉？'"在孔子看来，"天"就是运行四季，化育万物的，而"天命"就是"天之命"，是天的运行规律，即天之道。《论语·季氏》记载说孔子讲："君子有三畏：畏天命，畏大人，畏圣人之言。"这里的畏天命，就是敬畏上天的意志，说到底就是顺应自然规律。

由此可见，"五十知天命"和"五十以学《易》，可以无大过矣"是孔子儒学思想成熟提升的一次飞跃，是学《易》之后的"知天命"，而"知天命"之后则可以"无大过矣"。其实，从《十翼》的具体内容也可以很明显地看出，《周易》就是讲"天命"之学，是探索"天、地、人"三才之道的学说。当然，孔子认为，《易》中蕴含的天道奥秘在于"德"，而不在于"神"，这就为《周易》从一本卜筮之书发展成为中国哲学经典奠定了思想基础，加之他以自己的学习实践，完成了《十翼》的著撰，真正为《易经》插上展翅高飞的十只翅膀，从而推动《易经》成为群经之首和中华文化中的大道之源。反观从《易经》到《易传》而成为今人所见的《周易》完本，这正是中华文化发展的又一次伟大飞跃。经过这次飞跃，《易经》中的"不违卜筮"的宗教神学成分大大减少了，取而代之的是以"人文主义"为核心和重点的"天人"之学，这与孔圣人的学《易》是分不开的。所以，不论《十翼》作者何许人也，孔子一定是从《易经》到《易传》演化过程中的关键人物。追寻圣人的问《易》之路，我们就能体悟圣贤之伟大，为我们学好《易经》指明了前进的方向。

《周易·说卦》记载："《易》也，将以顺性命之理。是以立天之道，曰阴与阳；立地之道，曰柔与刚；立人之道，曰仁与义。兼三才而两之，故《易》六画而成卦。"故在孔子看来，学习《易》之天道，重点是突出两个字"畏"和"知"。首先，要"畏天命"，就是要敬畏天命，顺天而为，孔子解读《周易》乾卦过程就有很明显表现，《周易·乾·象》记载"天行健，君子以自强不息"，这就是号召人们要效法天道，健运不息，努力奋斗。其次，要知天命。"天命"不是神，是可以通过人们的学习、钻研而体悟到其中的道理。再次，将《易》中的天道转化为地道、人道，就是"柔与刚""仁与义"。《周易》除了"天道"之外，全书都闪烁着"地道"与"人道"的光芒，这里不再赘述，留待后文详述。

因此，笔者认为，今天读《周易》，要从读《十翼》开始，这就是站在了圣人的肩上，去探寻"易道"的最好方法。

三

遵循由简至繁的学"易"思路

学《易》之难，似乎是现在很多人的共识。尝试着去读读《易经》的人不少，而真正地读进去、读懂的人却是少之又少。之所以形成这种局面,原因是多方面的。笔者认为,没有找到正确的学习路径肯定也是一条关键的因素。那么,正确的路径在哪里呢?根据笔者的学《易》体会,就是要坚持"由简至繁"的思路,并持之以恒,以一贯之。学贵有恒,如果三天打鱼,两天晒网,那不用说这古奥深邃的《易经》,即使是一本通俗易懂的小说,也不一定能顺利地读下去。故至于学习,仍然是《易经》所倡导的"神而明之存乎其人",要对一部作品、文献达到"神而明之"的地步,一切都在读书人自己。

笔者认为,"由简至繁"的学易思路应遵循以下四个步骤:

第一,需要有基础知识储备。至少包括以下三个方面的基础知识:

一是阴阳理论。上文已述,要先抓住《易经》中不变的内容,即"一阴一阳之谓道",这个阴阳之道,就是学习《易经》之前需要储备的第一项基础知识。

二是五行理论。古人云"不识五行,不可以从《易》矣",五行学说在中华文化里与阴阳学说一样,也是处于文化的源头地位,它不仅是一种宇宙观,也是一种朴素的系统论。五行学说强调宇宙世界万事万物都是由"水、火、木、金、土"五种属性(或功能、元素)构成,自然界各种事物或现象的发展变化,都是这五种属性不断运动和相互作用的结果。中国古人借助阴阳五行所包含的内在生化关系,以全面性的系统观点观察、分析、解释自然现象和人事关系,并依据阴阳五行的理论体系,综合推演"人、事、物"的发展趋势和规律。五行的具体理论本书不再赘述,可参阅笔者所著的《环境易理指蒙》第三章⑤。

三是《易经》的基础概念。包括两个方面:其一是《易经》符号系统的基础知识,如八经卦的名称"乾、兑、离、震、巽、坎、艮、坤",分别指示"天、泽、火、雷、风、水、山、地",八卦的符号(阴阳爻符），以及六十四卦的符号、卦名等等。其二是《易经》经文中涉及的专有名词解义，如"吉"解释为吉祥，善吉，福祥；"亨"解释为亨通，通达，达到；"贞"解释为占卜，固守正道，正贞；"利"解释为顺利，适合，通达；"吝"解释为艰难，很难，困难；"厉"解释为危险，凶险；"悔"解释为悔恨，穷困；"咎"解释为灾患，灾祸；"凶"解释为祸殃，大的灾难，等等。对这些专有名词，务必要先理解，要先知道它们的含义。学《易》基础知识的储备，别无他法，只有死记硬背，勤能补拙，只要多学习，多读几遍，自然就能记住。

第二，需要一定的文言文基础。无论是《易经》的经文，还是传文，甚至包括了后世的许多释《易》著作，多是以文言文的形式写作而成。如果你一点文言文的基础都没有，那一定很难读懂《易经》。因此，在你立志学习《易经》之前，有必要熟读中国的一些经典，通过读经典，掌握文言文的行文和写作规律，为学《易》储备好基本的文言文基础。

第三，从《周易》相对简单的《易传》部分读起。当你对《易》的基础知识阴阳五行八卦等都有了储备，同时也具备了一定的文言文基础之后。那么，你就可以大胆地走进《易》的世界。而《周易》由符号系统、经文系统和传文系统三大部分构成，符号系统属于《易》的基础知识，对卦的名称、符号、爻符（卦画）的构成，解读顺序等一定需要先有了解；而文字系统中的"经"与"传"，应先从"传"读起，尤其是要从"传"中的《系辞》内容开始学起，以理解整部《周易》到底讲的是什么内容；再读《文言》，对《周易》中最重要的乾、坤两卦所指示和代表的易道大德做全面了解；而后读《说卦》，了解《周易》六十四卦之间的内在关联关系；最后将《易传》中的《彖》《象》与每一卦的卦爻辞结合起来读。这样，一步一个脚印，不知不觉中，你已走进了易道玄妙的世界。

第四，要有持之以恒的态度。《易经》作为中华文化的源头，可以说是中国最早的哲学典籍，用词简约，古奥深邃，着实让许多后人望而生畏，浅尝辄止。尤其是《易经》的"经"的部分，惜墨如金，字字珠玑，句句金石，微言大义，不得要领则很难理解；即使是"传"的部分，也是高屋建瓴，涉猎广博，涵盖天地，用语幽古，让人难以把握。一般人没有坚定的信心和持之以恒的态度，确实很难将《易经》读进去。但是，如果你有坚强的恒心，或许学"易"之初困难重重，一旦进入"角色"，《易》将带给你无穷的智慧和力量。

笔者相信，只要你遵循"由简至繁"的学易思路，有足够的基础知识储备，掌握《易经》微言大义的"不易"规律；以"变易"的思维洞察卦爻的制化关系，最终必将达到"学易用易"而"简易"的目标。

注释：

①《正统道藏》是中国道教史上重要道藏之一，明代编纂。明成祖即位之初（1403），曾令第四十三代天师张宇初重编《道藏》，永乐八年（1410），张宇初去世，又令第四十四代天师张宇清继续主持编纂。到明英宗正统九年（1444）始行刊板，又令道士邵以正督校，增所未备，于正统十年（1445）校定付印，名《正统道藏》，共五千三百零五卷，四百八十函，按三洞、四辅、十二类分类，采用《千字文》为函目，自"天"字至"英"字，每函各为若干卷，颁之天下，藏于各名山道观。

②《环境易理指蒙》是笔者的专著，由团结出版社 2016 年 8 月出版，其中第一章专述了《阴阳学说》，从阴阳的渊源、阴阳的属性、阴阳的内生外化，以及易学的阴阳等四个方面对"阴阳学说"进行了阐释。

③《周易乾凿度》是中国西汉末纬书《易纬》中的一篇。又称《易纬乾凿度》，简称《乾凿度》。《乾凿度》融道家、大易、数术于一体，是纬书中保存完好、哲学思想较为丰富的作品。原文载："仲尼，鲁人。生不知易本，偶筮其命，得旅，请益

于商瞿氏。曰：'子有圣智而无位。'孔子泣而曰：'天也命也！凤鸟不来，河无图至。呜呼！天命之也。'叹讫而后息志，停读《礼》，止史削。五十究《易》。"

④ 商瞿，字子木，（公元前 522 年—？）比孔子小二十九岁，鲁国人，是孔子七十二门生之一。商瞿喜好《易经》，孔子就传授《易经》给他，据说商瞿的造诣胜过子夏，是孔门传道者之一。

⑤《环境易理指蒙》第三章专述了《五行学说》，从五行的来源、五行释义、五行相关性、五行易属性、五行类型、五行类象对应关系六个方面对"五行学说"进行了阐释。

第四章　学习易经有什么好处

《周易·系辞上》(第十一章)记载:"子曰:'夫易何为者也?夫易,开物成务,冒天下之道,如斯而已者也。是故,圣人以通天下之志,以定天下之业,以断天下之疑。'"这段文字的意思是:孔子说《易经》是用来干什么的?《易经》是研究天下万事万物的规律而成就天下事务的,它囊括天下一切事物发展变化的规律,就是这样的一本书罢了。因此,圣人用它来与天下人的心志相贯通,用它来创立天下的事业,用它来决断天下的一切疑难问题。可见,在孔子看来,《易经》的学问是用来"开物"和"成务"的。"开物"就是开发宇宙万事万物,包括天文、地理、人事等一切看得见、摸得着和看不见、摸不着的东西;"成务"就是成就人世间一切的事情,指示你要想办事,办成事,就要通晓《易经》大道,才能真正办好办成。用现代语言表达,"开物"就是指把宇宙世界之中的物理属性的根本找出来,"成务"就是指把人生的根本法则找出来。

尔非圣贤,哪来孔夫子"开物成务,冒天下之道"的志向与气魄。但是,学《易》,一定能让你明志、通理、静心、守正。因为,《易经》作为中华文化的元典,它的许多观点和思想都已深深地融入中华民族的血脉之中,成为我们民族独特的基因而世代相传,构筑起了中华民族的思维框架和思想意识体系。所以,你学懂了《易经》,就能够很好地认识我们的文化特点、民族特征,就能够准确把握中华民族的思维方式、思想意识,就能够洞察东方人的人性特点、思维习惯。

一

易经启悟人们为什么而活?

德国著名哲学家、思想家尼采①有句名言,"知道为什么而活的人,便能生存"。这句话道出了人生的正确航向——为"生存而活"。或许很多人觉得,为"生存而活"的人生太低级了,没有生命的意义。其实,现实生活中很少有人静心思考过"为什么而活"的问题,只有身处逆境,遇到重重困难的时候,或许会静心去思考人为什么而活的问题,这时候你一定能够体会到伟大哲人尼采先生这句千古名言蕴含着多么深刻的人生哲理。生命的意义没有唯一答案,但求能活下去,直至你的器官自然衰老而死去,这才是最高的生命价值所在,一切外在表象的荣华富贵、权力名利都是过眼烟云。

无独有偶,中国最古老的经典《周易》则从"变易"的角度启悟人们"好好活着"。易经认为,人活着没必要和自己过不去,因为一切都在变化之中,易卦中有否极泰来,也必然有泰极否至,总是周而反复的。所以,人生苦短,呈现在你面前的一切,其实都是"阴阳生化"的结果,都是自然现象,你的喜怒哀乐,表面上看是你的情绪反应,实质是阳气生发的表现;而你笃定守正,表面上看是你的心性使然,实质是阴气生发的表现。故而,个体生命的一切外在表现和内心思索,实质是离不开世界的"阴阳生化"。这就是易经带给我们对人生最直白的揭示。如果你能通过学《易》，而感悟到"阴阳"作用主宰着世界的一切，而个体生命在广博的世界之中，犹如沧海一粟，那么你的内心还有什么容不下的呢？你的人生之路还有什么过不去的坎呢？这样，你自然就活得明白了。

然而，在现实生活中，很多人不知道自己为什么而活着？有些人挣了很多钱，物质生活过得富足优裕，但就是没有幸福感，幸福指数很低；有些人只知道疯狂地工作，一离开了工作岗位，就什么都干不了，最终抑郁万分；还有些人整天忙忙碌碌，但不知道自己在忙什么，"朝如青丝暮成雪"，一下子满头白发了，变老了；还有些人总觉得不顺，但就不知道为什么不顺，生活过得很烦躁，以致误入歧途。为什么这些现象总是时常在现实生活中出现呢？说到底，就是这些人没有认识到人生的意义，不知人之生死是自然规律，不知人的入世是天地阴阳制化的结果。《周易》强调："天地氤氲，万物化醇。男女构精，万物化生。"很明显，人类作为世界万事万物的一员，也是阴阳生化的结果。这种"阴阳生化"成就宇宙万象，就像天道一样，总是健运不息，运动不止，周而反复的。这是永恒不变的规律。在这个异彩纷呈的宇宙世界之中，生命本身不能决定生与死。但是，作为高等动物的人则不同于一般的生命体，人是可以把握自己的生命运动轨迹的。这就是《易经》基于人生而呈现的最大智慧，它启示人们，不要受宿命论的影响而一切听于"命"，不要将自己被"命"所运行，而应将"命运"反转，主动作为，主动运行你的"命"。因，你的生命轨迹是可以掌握在你自己的手里。

《易经》强调，阴阳总是此消彼长的。人的一切外在表现和行动，都是展现阳气的一面，而内心的静气修炼则是涵养阴气的一面。此二者如果不能达到平衡，就容易出现"孤阴不长，独阳而枯"的状况。在我们的现实生活中,有不少人就是外在展现阳气过盛,而出现了问题;也有一些人过于强调内心修炼,过度追求静气,而完全忽视了外在阳气的施展,最后也出现了问题。所以,易经倡导人们要内外兼修,向内求与向外求要力求平衡。

然而,人要在自己的生命历程中自始至终做到"内外平衡,阴阳和合"并不是一件容易之事,这个涉及每一个个体生命对人生的看法和态度。那么,人生是什么?这是一个永恒的话题。庄周梦蝶的故事广为流传,两千多年前庄子在《齐物论》中写道:"不知周之梦为蝴蝶与,蝴蝶之梦为周与?周与蝴蝶则必有分矣。此之谓物化。"一句"此之谓物化"道出了无数人对人生终极问题(即生死)的深深思索,后学者经常借"庄周梦蝶"的故事,吊古怀今,咏叹人生。其实,在庄子看来,人生若能化为蝴蝶,从喧嚣的世俗走向逍遥境界,这就是人生的大幸,用现在语言表达,就是"幸福指数"达到高点。但庄子同时也强调,如果蝴蝶变为庄周,从逍遥境界步入喧嚣的世俗,那恐怕就是蝴蝶的悲哀了。而这一切都在于"物化"之中。可见,人生无常,虚虚实实,难以琢磨。

回到当下,仁人智士都在探索着自己的人生。有人说人生是一种态度,有人说人生是一种际遇,也有人说人生是一种感受,还有人说人生是一种挑战……不同的立场、不同的角度,往往得出不同的结论,这或许就是《易经》所指示的"变易"吧!笔者认为,《易经》作为智慧宝典,它给人生的启悟,更多是强调了人在有限的生命周期中,把握好自己,认识好自己,运行好自己的"命"。虽然《周易》没有对什么是人生的直接描述,但是《周易》全书,字里行间,无处不在洞察人道,无处不在诠释人与自然,人与天地的关系。

或许就有人问,人到底有没有命运?《易经》强调"男女构精,万物化生"。人类作为宇宙万事万物中的一员，更是"男女构精"的结果，这一点毫无疑问。既然如此，那人一定是离不开"命运"，这里"命"就是指个体的生命，而"运"则指示个体生命周期。说到底，人生就是指个体生命的运动轨迹。每个个体生命的运动轨迹不一样，那么命运自然就不一样。天地广大，每一个人都呈现不同的人生轨迹，人世间才会精彩纷呈。宋朝宰相吕蒙正②所著《破窑赋》记载："天有不测风云，人有旦夕祸福。文章盖世，孔子厄于陈邦；武略超群，太公钓于渭水。颜渊命短，殊非凶恶之徒；盗跖年长，岂是善良之辈。尧帝明圣，却生不肖之儿；瞽叟愚顽，反生大孝之子。张良原是布衣，萧何称谓县吏。晏子身无五尺，封作齐国宰相；孔明卧居草庐，能作蜀汉军师。楚霸虽雄，败于乌江自刎；汉王虽弱，竟有万里江山。李广有射虎之威，到老无封；冯唐有乘龙之才，一生不遇。"所以，每一个人的人生航向是不一致的，是祸是福，是幸福是悲哀，这一切的一切都在于你自己的"命运"。

《周易·系辞下》（第七章）记载："变动不居，周流六虚，上下无常，刚柔相易，不可为曲（典）要，唯变所适。"我们"不可为曲（典）要"，但可以"唯变所适"。这里的"唯变所适"，就是告诉人们，世界虽然是变动不居的，但只要人类认识和掌握其变化规律，适应其变化特点，就能顺应形势的变化而趋吉避凶。宇宙大道即便如此，作为弱小的个体生命更只能"唯变所适"了。所以，《易经》启悟人们，"命运"是生命的运动轨迹，这个运动轨迹离不开世界"阴阳生化"的大法则，个体生命切不可"为典要"，而应该"唯变所适"。

综上所述，《易经》启悟人生无非两个方面：一是正确认识生命个体，始终保持生命体的"阴阳平衡"。这个"阴阳平衡"体现在个体生命的外在行动和内心修为两个方面，只有此二者相辅相成，"刚柔相推"，才能推动生命体的健康延续。换言之，一个人"向外求"和"向内求"一定要达到平衡，你向内求有多大，向外求自然就有多大。在现实生活中部分人往往受社会世俗影响，只知道向外求，追求看得见、摸得着的名利财富，而忽视了内心的修行和品德的修养，导致"向内求"与"向外求"的严重失衡，最终跌向了罪恶的深渊。

二是正确践行人生轨迹。人生轨迹的跌宕起伏是自然现象，作为生命个体，只有充分认识纷繁复杂的世界时时刻刻都在变化之中，这种变化的规律是亘古不变的，人们只有顺应运动变化的大法则，洞察并效法世间周期变化的大规律，顺势而为，那么个体生命就能够创造出彩的人生。

有人说，学习《易经》，于商务人士，可以开阔视野，放松身心，修养心性；于公务人士，可以修德启智，完善人格，提升自我；于学务人士，可以陶冶性情，寓学于乐，豁达人生。凡此种种，都是对学《易》的高度评价，都不为过尔！然而，在笔者看来，《易经》是中华智慧源头，如果你参透其中一二，那么就能顺畅"运转乾坤"。学《易》的第一好处，就是让你顿悟人生，让你知道人为什么而活，让你能正确认识自我。

二

易经启悟人们怎样活着？

奥地利著名心理学家弗兰克尔[3]在《活出生命的意义》中写到："人所拥有的任何东西，都可以被剥夺，唯独人性最后的自由，也就是在任何境遇中选择自己的态度和生活方式的自由，不能被剥夺。"

可见，生命的意义没有标准答案，每个人的命运都是独特的，人活着总是要经历曲曲折折、起伏不定的人生历程，俗话说"三十年河东，三十年河西""风水轮流转"，这些亘古的俗言，都是对此起彼伏的人生历程的生动描述，这就像《周易》里的卦象，永远都是变动不居，祸福相依的。既然是一个"变动不居"的人生历程，那么怎样才能让你活得更精彩，让你的人生更出彩呢？《易经》启悟人们要明于事理，肇定万物；要乐知天命，豁达心志；要处变不惊，思危慎行。

何为明于事理？就是指能够明白宇宙万事万物存在的本质原因，并且知道其中的道理。其实，就是现在人们通常所说的世界观、宇宙观的概念。《礼记·经解》篇中就有"孔子认为易经是洁净精微的"记载，这里的"精微"就是讲《周易》是精深微妙的，指出了《周易》在阐明宇宙万物的变易之理是精当深奥、广大悉备、无微不尽的。学习《易经》，我们可以准确认识天道运行的规律，并在自己的人生道路上按照天道运行规律进行趋吉避凶，达到"明于事理，肇定万物"的境界。

《周易·系辞上》（第一章）记载："刚柔相摩，八卦相荡，鼓之以雷霆，润之以风雨，日月运行，一寒一暑，乾道成男，坤道成女，乾知大始，坤作成物。"《周易·系辞下》（第五章）又载："日往则月来，月往则日来，日月相继而明生焉，寒往则暑来，暑往则寒来，寒暑相推而岁成焉！"《系辞》中这两段幽美的文字，向人们展示了一幅气势恢宏的天地大道运行图，阐明了宇宙世界万事万物发生、发展、变化的道理。"乾知大始，坤作成物"指示宇宙世界空间范畴中一切事物的成务之理；"寒暑相推而岁成焉"强调了宇宙世界时间范畴的形成，这两句话涵盖了宇宙时空范畴的一切事项。所以《易经》对宇宙事理的阐释非常清晰，那就是"天道"的运行规律。

《易经》强调，人应"与天地合其德，与日月合其明，与四时合其序"，这就是说"人道"应符合"天地之道"，人的一切行动要效法天地之道，法天道以健运不息，法地道以厚德成物。可见，明于事理，就是要敬畏天地。易经认为，万事万物虽然都是遵循着各自的规律而不断变化的，不以人的意志为转移；但是，人们在认识万物过程中，并不是完全的无能为力，是可以通过学习、效法天地之道，来认识、了解、掌握宇宙万事万物的变化规律，以变应变，从而通达事理。

何为"乐知天命"呢？乐知天命就是号召人们要认识天道规律，认识生命规律，豁达自己的心志。一般认为，乐知天命的思想是孔子发扬易学精义而创立的影响中华民族两千多年的重要人生观和价值观。要真正理解乐知天命的人生观，关键在于对"天"与"命"的理解？

何为"天"呢？《周易》乾卦"元、亨、利、贞"的卦象体现即为"天"。在《易经》作为卜筮之书的上古时代，这个"天"或许超越了自然之天，更多指示"天神"，是宇宙世界和人类社会的最高主宰，是一种"神"的力量。到了春秋战国时代，孔子发扬易学精义，将《周易》由卜筮之书发展为哲学宝典，那么对"天"的认识，就发生了质的变化。孔子认为，自然之天之外不存在"天神"的力量，主宰人类的在于人类自己，但不否定自然之天中存在亘古不变的宇宙运动规律，即"天道"。所以，从儒家的思想体系看，《周易》八卦中的"乾为天"之"天"至少包含了三层内涵：自然之天、有德之天、天人之天（或称君子之天）。

自然之天就是人们头顶上的浩瀚苍穹，就是宇宙世界。除此之外，还有"有德"之天和"天人"之天的存在。也就是说，人们肉眼看到的"自然之天"其实蕴含着内在的运行规律,即"天道",而这种"天道"就是"有德"之天。孔子说:"君子有三畏:畏天命,畏大人,畏圣人之言。小人不知天命而不畏也,狎大人,侮圣人之言。"(语出《论语·季氏》)可见,这个"天命"就是"有德"之天。孔子认为,每一个人只有存在对崇高品德(天道)的敬畏之心,才能成为君子;而小人心中没有道德标准,也就不存在"畏"了。同时,"有德"之天的品德是人们可以把持和效法的,人类应该在自己的生命历程中,学习自然之天蕴含的品德,顺应天道的运行规律,效法天道大德,只有这样,才能成为"君子",这就是"天人之天"。可见,《周易》之中"乾为天"的"天命",并不是支配世间万物的"神",而是宇宙世界和人类社会发展所必须遵循的自然规律。这种自然规律虽是不可逆转的,但是作为动物幽灵的人类,不应是完全地被动盲从,而是要根据自身的需要来驾驭它,使之为我所用。孔子曾经说过"人能弘道,非道弘人"(语出《论语·卫灵公》),这就是说是人使"道"发扬光大,不是"道"使人的才能扩大。马克思在论"唯物辩证法"中曾指出"尊重客观规律是发挥主观能动性的前提和基础,只有尊重客观规律,才能更好地发挥人的主观能动性。而发挥人的主观能动性是认识、掌握和利用客观规律的必要条件"。可见,马克思的"唯物辩证法"与孔子天命观有相契合之处。

其实,对《周易》"乾为天"之"天"的内涵,同为圣人的老子,亦有论述。在老子《道德经》第八十一章就写道"天之道,利而不害。君之道,为而不争。"《道德经》的这两句话,非常清晰地表达了《周易》八卦指示的"乾为天",除了自然之天外,还是有"道"之天和"君子"之天。《道德经》第二十五章记载:"有物混成,先天地生。寂兮寥兮,独立而不改,周行而不殆,可以为天地母……域中有四大,而人居其一焉。人法地，地法天，天法道，道法自然。"这里也揭示了"有德"之天和"天人"之天的存在。老子强调了人要效法"道"，这就是"天人"之天，而"道"最终源于自然，这就是"自然之天"。

何为"命"呢？《易经》经文直接对"命"论述很少，但并不代表《易经》不关注"命"。《周易·鼎·象》曰："君子以正位凝命。"鼎卦的卦象体现为"木上有火"，指示以鼎烹调食物，君子观此卦象，取法于鼎足三分，正立不倚，从而持正守位，不负使命。这里的"凝"是指"成，接受，承担"的意思，而这里的"命"既不指人的生命，也不指天之命，而是指"使命"，用现在语言表达就是"担当"。这似乎与人们通常理解的"命"没有多大关系。然而，将"命"与"天"联系在一起，即从"天命"的角度看"命"，则"命"的内涵就深刻了。一般理解中国传统"天命观"中的"命"有两层意思，其一是指天之命，即天道的系统；其二是指己之命，即人道系统。如果将"天命"的内涵延伸到"天道"与"人道"上，那么可以说整部《周易》都是在讲"天道"与"人道"的，而且《易经》在讲天道与人道之间关系时，就强调要"乐知天命"。

"天之命"是指世界周期变化的大规律。如四季更替、寒来暑往、日落日出、月圆月缺、昼夜相推，等等，这些生生不息、周而反复的自然规律都是天之命。故而，天之命不可违。但是，人类可以通过自身的努力来认识世界周期变化的规律，适应它，顺应它，并按照"天道"的规律来行事、办事，这样才能维系人类自身的永续发展。

俗话说"种瓜得瓜，种豆得豆"，这就是顺应自然规律。但是，回望当今社会，由于科学技术飞速发展，人类活动日趋深化，导致了许多违背自然规律的事件发生，而给人类带了重大灾祸。如人类为了自己的私利,过度地开发资源,导致自然生态破坏,随之而来是气候变暖、地震、海啸、洪水、干旱等自然灾害的频频发生,这些看似天灾,实则为"人祸"。所以,中国古人历来倡导人类要敬畏天命,《周易》的最高哲学理想就是"天人合一",就是号召人们要尊重宇宙世界客观规律,要顺应天道的运行变化,与自然和谐相处。

易经强调,"天之命"是万事万物遵循的总规律,人类也不例外,这种"周流不息"的宇宙大规律同样主宰着人类生命的发展方向。其实,每个人只有顺应易经揭示的事物发展规律,认清自己的人生方向,也就明白了该怎样活着。如果认不清自己的人生方向,而是妄图改变规律,那么贪念将随之而来,欲望将越来越膨胀,这样往往就会跌入"不知足"的泥潭中,犯下"得陇望蜀"的错误,最终因不知"天命"而看不清万事万物的必然连系,从而自伤元气,心浮气躁。这就是人会因不知足而感到痛苦的内在原因。而一个乐知天命之人,他懂得"仰观天象,俯察地理"的道理,善于顺应既定的宇宙环境和人文条件,并很好地凭借环境和人文条件给予的优势,顺势而为,自强不息,向着积极的方向前行,从而完成自己的历史使命。

"己之命"是指万事万物个体自己应有的命运,世间万物存在于世上,都有自己的"命"。而这个"命",至少有两层含义:其一是个体的生命;其二就是个体生命的使命。易经强调,在这个异彩纷呈的世界中,任何事物都有其各自的使命。庄子在《逍遥游》《人间世》等篇章中关于"无用之用""大用与无用之用"的寓言,无不都在说明宇宙间万事万物都有其各自的使命。一棵不能成材之木,却可以长成苍天大树,供人们纳凉;一个硕大的葫芦不能盛水,亦不能做水瓢,但它可做浮标,在你遇到洪灾之时,可以成为你的救命之器。

所以，人世间的一切事物看似无用，其实则大有用处，这就是通常人们所说的"存在就是合理的"。这实质是揭示了世界其实是由万事万物构成的平衡系统。

就人类而言，"己之命"中个体生命就是每一个人自己的生命，而历史使命则是每一个人的生命轨迹（或叫人生历程）。当我们发问要"怎样活着"的时候，其实是在思考人的一生要怎样过。换言之，就是个体生命一生的运动在历史长河中留下怎样的轨迹。德国著名哲学家莱布尼茨曾说："世界上没有两片完全相同的树叶。"人也一样，世界上也没有两个完全相同的人，每个人都有各自的身体，每个人都有各自的思想，每一个人也都有各自的历史使命。可见，"己之命"对人类而言包含了生身之命、生活之命和历史使命三层含义。

生身之命是阴阳生化的结果，就是易经强调的"男女构精，万物化生"的结果，从这个意义上讲，人与宇宙的其他万事万物都是一样的。但是需要我们去呵护，去爱护。因为他是承载你生活之命和历史使命的载体，如果人离开了生身之命，那一切都是空谈。所以，乐知天命，首先需要我们认识自己的生身之命，知道自己有什么特点，有什么优点，有什么缺点；知道自己是健康的，还是有疾病的。认识了自己的生身之命，你就把握住了自己的人生长度。

生活之命是修为的结果，就是《周易·说卦》记载的"立人之道，曰仁与义"。可见，易经号召人们活在世上，要修为自己的仁义道德。

所谓"仁"，就是指仁爱，爱人，担当仁人。其表现形式有两方面：一是忠诚之爱。孔子说"己欲立而立人，己欲达而达人"（语出《论语·雍也》），这就是尽自己最大的努力去有所作为，以达到既自立也立人的双赢结果。二是宽恕之爱。孔子说"己所不欲，勿施于人"

（语出《论语·卫灵公》），这是说以宽恕之心，将心比心、有所不为的一面。在孔子看来，人要活得出彩，活得有价值，就必须不断加强自己的修为，做一个有仁德的人。而这种仁德修为的培养来源于生活的点点滴滴，是一个人在实践"生活之命"过程中逐渐形成的。一个人有了至善的仁德，那么你就能做到既"推己及人"，又"勿施于人"。当你自己立足于社会时，能启发和帮助别人也立足于社会；当你自己通达人事时，能启发和帮助别人也通达人事；你自己不愿意要的东西，决不会强加给别人。同时强调，这种仁爱，不是教化的结果，而是在自己的人生历程中努力实践的结果。在实践过程中，要以榜样的形式创造一种气氛，让他人自己去挺立自己的生命，并通达人世间，让他人自己去锤炼宽容的精神，养成沟通的理性，自觉做到设身处地为他人着想，这才是仁人的品格。可见，在《易经》看来，要过好"生活之命"，首先应修为人生"仁德"，"仁"是最高的道德境界，"仁"是安身立命的根本。不管你现实的生活是穷困潦倒，还是富贵安乐，如果都能以"仁"为人生的最高追求，那么你的"生活之命"必将更加精彩。而且这种"仁道"原则，推而广之，是人与人、人与社会、人与国家间相互关系的准则，乃至是人类与鸟兽、草木、山水、河泽的普遍和谐之道。

所谓"义"就是指"应当、正当、合宜"。从过好"生活之命"的角度看"义"，就是指一种恰当的、合宜的生活方式、生活路径。换言之，就是适当的人类生存行为规范的总称。孟子讲得更直白，说"义，人之正路也"。直接说明"义"是人类行走的正确道路。当然，"义"指示"正当"也含有尊重他人、不侵犯他人利益和遵守一定社会规范的意思。在儒家思想中，强调尊重他人就是尊重自己，就是守住本分。可见，"义"指示的是对事情、事物的行为，与"仁"

不同,"仁"强调个体生命自身的内在修为,而"义"强调个体生命对事情、事物的判断,是行动的过程。

综上可知,乐知天命之中的"生活之命"在于修为。而易经则告诉我们这就是"人之道",具体修为就是两个方面"仁与义",仁者为修,义者为为。用"仁"的品质修养自己的人生,用"义"的准则实践自己的人生,那么就知道怎样过好"生活之命"了。

历史使命是修为之后的责任担当,是人类区别于其他万事万物的本质所在。乐知天命之中的"历史使命",就是强调人活在世上,要对社会、对他人、对世界有所贡献,能给后世留下点什么,所以这里特别强调是"历史"的使命。在中华民族五千年的悠久历史中,无数贤人智者都在努力地践行自己的"历史使命",儒家倡导的"明明德,止于至善""修齐治平"等人生价值,无不是在实践乐知天命的过程。北宋著名理学家张载[④]留下"为天地立心,为生民立命,为往圣继绝学,为万世开太平"的"四为句",直至今日广为流传,这更是儒家倡导的为人处世的最高使命。回到我们当下,如果你能将你的所作所为上升到对国家、对社会、对人民的一种责任;将自己的生命(包含生身之命和生活之命)同国家、民族,甚至整个人类的命运紧紧联系起来,树立强大的使命感和责任担当,那么你就能够在你的生身之命终结之后,为后世、为后人留下一点什么了,哪怕是碎片,也就无悔于人生了。这就是乐知天命之中的"历史使命"。

何为"处变不惊"呢?处变不惊就是指人们在处理事务过程中以变应变,谨慎行事,而不是惊恐失措,胡乱决断。其实质是指人们的处世原则、处世态度和处世方法,相当于现代人们所讲的方法论。易经强调,万事万物都是"变动不居、周流六虚"的。唐孔颖达在《周易正义》中指出:"夫'易'者,变化之总名,改换之殊称……谓之为《易》，取变化之义。"可见，在孔颖达看来，"变化"是《易》之大旨。人类生存在这样一个"变动不居"的时空环境中，如何让自己活得更出彩呢？这就需要有方法，而这个最有效的方法就是"处变不惊，思危慎行"。

在人生历程中，要做到处变不惊，首先要善于"识时"，就是要善于把握时机、把握机会、掌握时效。对"时"的把握，是易经予以人们的第一重要处世法则，在《周易》中屡被提及。如《周易·乾·文言》对九三爻"君子终日乾乾，夕惕若厉，无咎"的诠释就是"与时偕行"；对上九爻"亢龙有悔"的诠释就是"与时偕极"；又如《周易·损·象》曰，"损益盈虚，与时偕行"，这里强调君子要懂得有损有益，有满有虚的变化之道，尽管放好心态，减少苦恼，等待时机就能成就大业。《周易》关于"识时"的哲理，启示人们处世过程要做到"知时识时，时行则行，时止则止"，一方面要合乎时宜，能认清时势，识时而行，顺时而为；另一方面要注重时机，把握时机，就能够胸有成竹，做事的成功概率就大大提高；另外，还要注重行事的时效，讲求珍惜时间，做有益且有效之事。现在人们常常所说的"识时务者为俊杰""与时俱进"等时髦的词句，究其渊源就来源于《易经》。

其次要善于"变通"，就是指在处世过程中要掌握灵活性，以"变易"的思维对待遇到的问题。《周易》本身就是一部充满变化思想的书，前文所述"三易"之中就有"变易"。《周易》符号系统中卦、爻组合形式既是阴阳变化的结果，也演绎着"变化"的道理，如泰卦的"地天交合变化"、既济卦的"水上火下交融"都是在启示"变通""交通""通达""通泰"之理。《周易·系辞上》（第十一章）记载："一阖一辟谓之变，往来不穷谓之通。"第十二章又载："化而裁之谓之变，推而行之谓之通。"可见，《周易》关于变通的思想，是指通过变化的手段、方法、措施，以达到通畅的境界。这就启示人们，不论是你的事业、工作，还是学习、生活等各方面，遇到原有方式行不通的时候，就应该适时地进行经验教训总结，寻求变通的方式。

第三是思危慎行。思危就是居安思危，慎行就是谨慎自守，谨慎行事。《易经》最早作为卜筮之书，其目的就是引导人们防患于未然，蕴含着深刻的忧患意识，而到了《易传》成书之后，思危慎行更上升为《周易》在阐释"人道"方面的一项重要思想。《周易·系辞下》(第五章)记载："危者，安其位者也；亡者，保其存者也；乱者，有其治者也。是故君子安而不忘危，存而不忘亡，治而不忘乱。是以身安而国家可保也。"这段话启示人们，只有对自己的处境和现状，时刻抱有警惕之心，才有可能一帆风顺。那么，怎样才能做到"居安思危"呢？《周易》也给出答案，那就是要从细微处着手，防微杜渐，时时惕惧，做到谨慎自守、谨慎行事。《周易·系辞上》(第十章)记载："夫《易》，圣人之所以极深而研几也。唯深也，故能通天下之志。唯几也，故能成天下之务。"这分明是在说《周易》是穷究事理并探研其理之细微的，只有穷究幽深的事理，才能会通天下人之心志；只有探研其理之细微处，才能成就天下之事物。同时，易经调强，"思危慎行"需要在实践中从细微处着手，否则你就很难真正做到防患于未然。《周易·乾·九三》曰："君子终日乾乾，夕惕若厉，无咎。"大意是君子整天都在修德敬业，晚上仍就要惕惧反省，只有这样，才能没有灾祸。可见，"思危"的关键在谨慎自守，在于慎独慎微，在于提高道德修为。

注释：

① 弗里德里希·威廉·尼采（Friedrich Wilhelm Nietzsche，1844—1900），1844年10月15日，出生于德国普鲁士萨克森吕岑附近的洛肯村的一个牧师家庭，是近代德国著名的哲学家、语言学家、文化评论家、诗人、作曲家、思想家。主要著作有《权力意志》《悲剧的诞生》《不合时宜的考察》《查拉图斯特拉如是说》《希腊悲剧时代的哲学》《论道德的谱系》等。尼采的著作对于宗教、道德、现代文化、哲学，以及科学等领域都提出了广泛的批判和讨论，尤其是对后代西方哲学的存在主义与后现代主义发展影响很大。

② 吕蒙正（944—1011），字圣功，河南洛阳人，北宋初年宰相。太平兴国二年（977），考中状元后，授将作丞，任升州通判。三次登上相位，封为许国公，授太子太师。为人宽厚正直，对上遇礼而敢言，对下宽容有雅度。著有《破窑赋》《命运赋》《时运赋》等著作，其中以《破窑赋》最为著名，为后人广为传诵。

③ 维克多·弗兰克尔，于1905年3月26日出生于奥地利维也纳一个贫穷的犹太家庭，是奥地利著名心理学家，创立了维也纳第三心理治疗学派——意义治疗与存在主义分析（Existential Psychoanalysis），1997年9月2日，因心脏衰竭逝于奥地利维也纳。著有《活出生命的意义》《意义的意愿》《无意识的上帝》《听不见的要求——意义的呼声》《实践中的心理治疗学》《意义治疗和存在分析》等许多心理学著作。

④ 张载（1020—1077），字子厚，祖籍大梁（今河南开封），生于长安（今陕西西安），后侨寓于凤翔眉县横渠镇（今陕西眉县横渠镇）并在横渠镇讲学，世称"横渠先生"。北宋著名思想家、教育家、理学创始人之一，其"为天地立心，为生民立命，为往圣继绝学，为万世开太平"的名言，被称作"横渠四句"，因其言简意赅，历代传颂不衰。主要留传著作有《正蒙》《横渠易说》《经学理窟》《张子语录》等，明嘉靖间吕柟编有《张子钞释》，清乾隆间刊有《张子全书》，后世编为《张载集》。

第五章　什么是易道

《周易·系辞上》(第五章)记载:"一阴一阳之谓道,继之者善也,成之者性也。仁者见之谓之仁,知(智)者见之谓之知(智),百姓日用而不知,故君子之道鲜矣!显诸仁,藏诸用,鼓万物而不与圣人同忧,盛德大业至矣哉!"这段文字的大意是:世界的万事万物盛衰存亡的根本是"阴阳制化",这就叫作"道",能够知道阴阳制化关系并继承效法"道"的人就是善者,能够把持"道"的法则以成就万事万物的,就是个人品德的体现。强调仁德的人看到"道",就说它体现出"仁德",讲究智慧的人看到"道",就说它体现出"智慧",而百姓每天运用"道"却不知道它的存在,所以真正懂得"道"的人很少了!《易经》所体现的道,明显地呈现出高贵的仁德品性,又隐藏在一切日常所用的事物之中,它能鼓动万物生长化育,但不像圣人那样有忧国忧民之情,所以易之"道"所体现出来的盛大美德和宏伟事业是至高无上的。可见,"易"中之道是"盛德大业"的,又是为"百姓日用"的。

《周易·系辞下》(第十章)又载:"《易》之为书也,广大悉备,有天道焉,有人道焉,有地道焉。兼三才而两之,故六;六者非它也,三才之道也。"这段文字强调了易道是广大悉备的,旁及天、地、人三才，涵盖了世界的一切。

什么是易道？顾名思义，就是《易经》中所蕴含的道。作为常人，学习易道，或许不能统领"天、地、人"三才，不能"至善而成性"，不能"盛德而广业"，但如果能做到"日用而知"，则学《易》已无憾矣！

一

什么是道？

"道"似乎大家天天都在用，但就是说不清，道不明。你不妨翻开字典查一查，"道"字的最初意义就是道路，后来引申为世界万事万物的本原、本体、规律，个人修养的境界、真理、原则，为人处世的途径、方法、原理，等等，有一系列的说辞。说"道"是本源、本体、规律，就好像是人们通常理解的"自然"；说"道"是境界、真理、原则，就好像是人们通常说的"道德"的范畴；说"道"是为人处世的途径、方法、原理，就好像是人们通常说的"道理"的范畴。确实很难说清楚"道"到底是什么？老子在《道德经》开篇就说："道可道，非常道；名可名，非常名。无名天地之始，有名万物之母。"这句话的大意是说：道，可以说，也可以名，但不是我们所说的一般有名有象事物，因为那不是永恒的道。大道产生于天地之先，是开辟天地之始的；大道又产生于万物之前，是生育万物之母。所以这个"道"，难以直观地彻底地讲述出来，只可以由每个人自己用心去体会。

笔者认为，"道"是中华哲学独有的概念，对中华文化中的哲学理念、人文思想、社会治理、政治军事、科技文化等各个领域都产生重大影响。"道"的传承朝着物质本原、修为标准和人间事理三方面发展。

"道"解释为物质本原,指示宇宙万物的最高存在。著名道教经典《清静经》[①]的开篇写道"老君曰:大道无形,生育天地;大道无情,运行日月;大道无名,长养万物;吾不知其名,强名曰道。"这恐怕是中国最早对"道"下定义的文献了。从《清静经》的这个定义看,"道"就是中华民族认识宇宙自然而创制的一个专有哲学名词,指示万事万物的运行轨迹或运行轨道,即上文提到的"自然"。那么"自然"又是什么呢?"自"就指"自己、本原"的意思;"然"就是"如此、这样"的意思。将"自"与"然"联在一起,就是指一切事物、非事物都是"自己如此"而已!如宇宙间的一切事物并非有人主宰或干预而自己运行,日月无人燃而自明,星辰无人列而自序,禽兽无人造而自生,风无人扇而自动,水无人推而自流,草木无人种而自生,等等,不可尽言皆自己如此。可见,一切事物和非事物,都不约而同地统一遵循着某种"东西",无一例外。而这种"东西"不生不灭,无形无象,无始无终,无所不包,其大无外,其小无内,其始无名,古人勉强命名为"道"。《清净经》作为对老子思想的发挥,或许受老子《道德经》里讲的"道法自然"的影响,但就对"道"的论述而言,笔者认为《清净经》的阐释是深刻的,非常有利于现代人对"道"的理解。

其实,在老子的《道德经》里随处可见"道",虽然老子没有直接对"道"下定义,但在老子看来,"道"就是万物的最高"存在",是万物的主宰。老子说"道生一,一生二,二生三,三生万物"。又说"人法地,地法天,天法道,道法自然"。可见,老子之"道"就是上文所述的今天人们理解的"自然"之道。当然,从《道德经》

的角度看，除了这种自然存在的自然之道外，老子之道是多样性的，同样涉及人类社会的人生之道、致知之道等多方面。

《周易》对"道"的描述更显直接，一句"一阴一阳之谓道"，将"道"描述为制化宇宙万事万物的最高"存在"，即"阴阳之道"。《周易·说卦》也载"是以立天之道，曰阴与阳"。可见，阴阳之道就是指"天道"。故而，在《易经》作者看来，最高的"道"就是"天道"。这与老子《道德经》阐释"道"生天地万物是一致的。同样，《易经》关于"道"的论述，除天道之外，还有地道、人道，这与老子之道的多样性也是一致的。可见，老子创作《道德经》的思想源头应来源于《周易》。

"道"解释为个人修为，指示人生修养的最高道德标准。《论语·述而》记载："志于道，据于德。"这里的"志于道"，可以解释为号召人们立志要高远，境界要高尚。"据于德"可以理解为为人处世的行动结果（古人解说"德"就是"得"，有成果即是德）。可见，在孔子看来，人的理想、境界是志于道的，实现理想、境界的行为实践是据于德的。很明显，这里的"道"是泛指大道，自然就包括了《周易》所述的"天道、地道、人道"的三才内容。而这里的"德"是行为实践的依据和准则，主要体现为"人道"。

其实，孔子在发扬易学精义之后，已逐渐将《周易》之中"形而上"之道向"道德"之道发扬。在孔子思想体系内，"道"更多体现为"仁义"，就是《周易·系辞下》所述的"人之道，曰仁与义"，这就属于"道德"的范畴，而这里"道"体现为知仁、行仁和知义、行义的规范和道理，或者说是人们走向"仁义"的路径和道路。

孔子说："道听而涂（途）说，德之弃也。"（语出《论语·阳货》）这就是说，听信道路边上的传言而四处传播，有仁德的人是鄙弃这种态度的。实际上这句话的核心是在讲态度，是在说对事物发展过程中的态度正确与不正确，或者说路线明确不明确的问题。又如孔子说："道不同，不相为谋。""人能弘道，非道弘人。"（语出《论语·卫灵公》）这里的"道"体现为政治主张、思想主义，已具备非常浓厚的人文色彩。由此可见，孔子研《易》问"道"，虽然也讲天道，即自然之道；但更多的是讲人道，即人类的修为道德、社会规律以及社会治理的道路，也就是他所倡导的"仁道"。

世界宗教和平会主席任法融②道长在论"道与德"的关系时，强调道是人间社会乃至宇宙唯一的能量，而德是道的功能和作用，离开了德，那么道就无法表现出来。他形象地将"道与德"的关系比喻为现代社会中的电流与电器的关系：电流就好比是"道"，它视之不见、听之不闻，没有形象，没有颜色，但实实在在地存在，但是如果没有电器，就不能体现电流的功能；电器（电视机、冰箱、电灯等）就好比是"德"，有具体的功能、作用，但是如果没有电流，电器就无法发挥它的作用。任法融先生的这一形象比喻，为我们理解"道"与"德"的关系指明了方向，也很好地解释了"道"由初始的"行而上"之道发展为具有规范性、准则性的可以为人类实践的道德准则。

"道"解释为处世法则，指示人世间一切事物蕴含的道理和人类行事的最高行为规范。作为处世法则的道，包含两层内涵，这里的"事"，即事理，就是中国传统理学中讲的"格物穷理"中的"理"，是一切事物包含的内在规律和蕴含的深刻道理，这是《易经》所指示的地道，即《周易·说卦》所说的"地之道，曰柔与刚"。这里的"处"是指人类的行为，即人类行事、处世的原则或规范，包含《易经》所述的"人道"思想，但范围更广，可以说中华文化倡导的道理都包含其中。

"道"作为事理和为人处世法则，在春秋战国后期，已被诸子百家发扬光大，形成了各个思想学派认识事物的道理和为人处世的规范。如道家集大成者庄子就认为："道，理也……道无不理。"（语出《庄子·缮性》）；又如法家的开创者管仲说"顺理而不失之谓道。""夫道者虚设，其人在则通，其人亡则塞者也，非兹是无以理人。"（语出《管子·君臣上》）这是讲顺理而行不出差错的处世法则；再如《管子·任法》篇中说"故法者，天下之至道也"，这个"道"是政治原则，这是"道即理"的一种表现形式；而法家集大成者韩非子则更为直接，认为"道，理之者也""万物各异理，而道尽稽万物之理"。（语出《韩非子·解老》）可见，将"道"发扬至"理"在春秋战国时期已经非常普遍，而且这种"道即理"的思想观念，一直传承至今，尤其是到了宋代程朱理学兴起之后，"道即理，理即道"更为普遍，但凡不好用语言表达的任何事理都可以贯以"道"之称。

综上可知，"道"是中国传统文化中的一个核心概念，它贯穿中华文化发展的主轴，不论是儒家，还是道家，或其他诸子百家，"道"始终都是其思想的最高主宰。

二

何为易道？

顾名思义，"易道"就是从《易经》中领悟出的"道"。换言之，就是《易经》中包含着哪些"道"？这正如《易经》所说的"仁者见之谓之仁，知（智）者见之谓之知（智）"，要从《易经》中领悟出

"道",不同的读者一定有不同的体会,不同的感悟。但易道广大,无所不包,读《易》者或许角度不同,所得结论不一,这些结论或许都能成"道"。

《周易·系辞下》(第二章)记载:"古者包羲氏之王天下也,仰则观象于天,俯则观法于地,观鸟兽之文,与地之宜,近取诸身,远取诸物,于是始作八卦,以通神明之德,以类万物之情。"可见,中国古圣先贤就是通过"仰观俯察"的方法,从现象中洞察事物的内在规律,寻找"道"的存在。又如《周易·系辞上》(第一章)所言:"圣人设卦观象,系辞焉而明吉凶,刚柔相推而生变化。是故吉凶者,失得之象也;悔吝者,忧虞之象也;变化者,进退之象也;刚柔者,昼夜之象也……君子居则观其象,而玩其辞;动则观其变,而玩其占。"古人通过设卦的方式,观察卦象和爻象的变化,并系以文辞,玩弄占测,从而得出"道"。因此,《易经》之道(即易道)是以"象"为始源的,我们学《易》,也要抓住"象"这一关键点。

据传,孔子年轻的时候,有一次在清澈的小河边问道于老子。孔子看着潺潺流水,发出"逝者如斯夫"的感叹;而老子则回答说:"年轻人,你何不再看看水流去何方啊?流去干什么啊?"所以老子就说:"水,善利万物而不争,处众人之所恶,故几于道!"这个小故事或许是后人杜撰,但它不影响我们对"易道"由"象"而来的验证。

孔子看到流水潺潺,发出"逝者如斯夫"的感叹,意在指示时光飞逝,号召人们要只争朝夕,努力奋斗,不让时光白流。后来,孔子在研易、习易的过程中,对乾卦论述的天道运行规律进行总结,得出的结论就是"天行健,君子以自强不息。"从而,使"自强不息"成为儒家思想的开源,以至后续儒家所述的"立德、立言、立行"

三不朽,以及"明明德,止于至善""修齐治平"等积极向上奋进的思想,都倡导要效法天道,都是在"自强不息"的基础上形成的。很明显,乾卦是纯阳之卦,孔圣先贤开创的儒家思想就是以乾卦的阳健之势为起点,是《周易》阴阳之道中阳道的充分发扬。

老子看到流水潺潺,则从另一个侧面探索了"水德"的特性,并创立了"上善若水"的水德思想,强调了水流的运行,是利万物而不争的,指出水总是流向条件最差的地方,并在那里净润万物,最后成就清澈的湖泊、海洋。水流这种"净润万物、汇聚成海河、不与纷争"的特性,正是《周易》坤卦的生动写照,"地势坤,君子以厚得载物"。坤卦是纯阴之卦,老子开创的道家思想,就是以坤卦的归藏、厚德之性为起点,是《周易》阴阳之道中阴道的充分发扬。

可见,中国两位最伟大的圣贤,都受易的理念影响,而创立了中华文化中最重要的"儒家"和"道家"思想。

笔者认为,在广博宏大、深邃古奥的《周易》宝典中寻找"道",仍然要采用《易经》教给我们的方法,遵循易经蕴含的"不易、变易、简易"三大规律去寻"道"、问"道",就会惊奇地发现"易道"无处不在。《周易》揭示的宇宙周期变化的大规律,如天道的健运不息、时间的四季更替、气候的寒来暑往、生命的生老病死等,这就是不变的易道,就是天道和地道。《周易》阐释的人类知变应变的大法则、人生为人谋事的大智慧,这是随着时令、空间的变化而不断变化的道,这就是人道。易经强调,不论天道、地道,还是人道,都是遵循"阴阳制化"的过程,孤阴不长,独阳不生,万物是"负阴抱阳,冲气以为和"的,这就是简单的易道。

其实,《周易》全书符号系统的排布、六十四卦卦画符号的转换、卦象和卦爻辞的指示意义等都蕴含着一系列深邃的易道。只要我们通过学易、研易、习易，将这些易道转化为认识世界的密码，转化为打开认识自我的钥匙，转化为窥探人生的秘笈；那么，我们学习《易经》的真正目的就达到了。

从《周易》卦序排列中提炼易道。为什么《周易》六十四卦，是从乾、坤两卦开始，而终于既济、未济两卦呢？为什么《周易》上经部分是三十卦，起于乾、坤而终于坎、离呢？为什么《周易》下经部分是三十四卦，起于咸、恒而终于既济、未济呢？其实，这种排布方式，不是古人凭空想象，而是有非常科学的内含。这种排列方式反映了宇宙世界产生、发展、变化的过程。以乾坤为首，揭示了宇宙世界万事万物始于天地阴阳制化，终于坎、离（坎为月，离为日），指示世界有光明大义，象征万事万物通过不断的阴阳制化，到日、月形成，达到了万事万物活生生地呈现。所以，《上经》主要阐释天地之道；而《下经》以咸、恒为始，指示天地生成万物之后出现人类，有了人类，而后就有了家庭、社会。这里的"咸"是"交感"的意思，指男女交感，阴阳交媾，进行婚配；这里的"恒"是恒久的意思，指男女交感达到恒久，就是夫妇白头到老，这样才能形成家庭，才会有社会。社会形成以后，必然充满矛盾，一直到最后为既济，达到了平衡；但这种"既济"并不能永恒，阴阳制化的终结还是回到"未济"，这才是自然之道。所以，《下经》主要阐释人道观念。可见，易经卦序的排列，蕴含着天地生发，人文社会形成、发展、变化的深刻规律，其中的阴阳之道、三才之道、自然之道等内容都非常丰富。

从卦爻变化迭代过程中提炼易道。易经六十四卦，每卦都由六根阴阳爻构成，这六根阴阳爻不是随意摆布的，而是按照阴阳制化的原理，以阴阳纠缠之势，互相制衡，互相推引，迭代前行，始终是阴中有阳，阳中有阴。《道德经》指出："万物负阴而抱阳，冲气以为和。"这是卦爻迭代的最好描述。所以，六十四卦就是六十四种易道，也是六十四种场景。如果每个人都能参透易经的六十四卦，在你的人生旅途中，不论是贫困或身处逆境，也不论是富裕或身处顺境，你不妨把你的处境与六十四卦爻象迭代过程进行比较，或者将你的处境值入这六十四种场景中进行检验，你会惊奇地发现，其实人生就在卦爻迭代的过程中。可见，六十四卦的卦爻迭代，蕴含着人生发展的深刻规律，是解开人生迷惑的金钥匙，六十四卦就是六十四个密码，它深刻而抽象地描述了人生的六十四种场景。人们立身入世的健运之道、为人处世的交感之道等内容都能从卦爻迭代中进行提炼。

从《易经》的文辞中提炼易道。不论是《易经》的经文还是传文（即《十翼》）处处都是为人处世之道，随便从中拿出一段文字都能成"道"，尤其是儒家思想中的自强不息、居安思危、中庸和合、修齐治平、仁义礼智信等中国人传统的价值观，更能从易经的文辞中直接体悟。易经的作用就是指导人们深入观察自然界的各种现象，认识天地运行的规律，引导人们充分把握天时、地利、人和之际遇，在比较好的环境中实现人生的最大价值。尤其是《易经》的传文部分，是孔圣先贤及孔门弟子对《易经》经文的诠释，若能通过学习传文，领悟孔圣先贤的大智慧，那么你必将活得更明白、更出彩。所以，《易经》传文中的易道是可以直接运用之道，拿来就可以用，关键就看你有没有自信读进去了。人生道路上修养品行的厚德之道、立德实践的中正之道、认知社会的和合之道、治世法则的损益之道，等等，与人生行进紧密相关的法则，都可以从卦爻文辞中得到启迪和汲取智慧。

当你细细品味易经一卦一爻的变化时，你一定会惊奇地感叹"举头三尺有神明",人世间的一切磕磕碰碰、喜怒哀乐、兴衰福祸,尽在六片卦爻中。

注释:

①《清静经》,全称《太上老君说常清静经》,一卷;成书前皆为口口相传,不记文字,直至东汉年间,葛玄(164—244)笔录而成书,是道教经典之一。

② 任法融,俗名任志刚,第七届中国道教协会会长,世界宗教和平会议主席,全国政协常委。祖籍甘肃天水,生于1936年,2021年5月26日逝世。是我国著名道教学者、慈善家、著名书法家,著有《道德经释义》《周易参同契释义》《黄帝阴符经·黄石公素书释义》等著作,风行海内外,广受推崇。

第六章　我的学"易"体会

回顾我的学《易》历程,还得从孩童时说起。我生长在中国南方的一个偏僻小村落,那里一年四季植物常青常绿,春夏秋冬四季分明,一条名曰"苏坑溪"的小河环绕村落中央而过,把小小的村落划分成大小不等的两半,从天上俯瞰整个村落,四面高山环抱,中间一个小盆地,形似一只鸬鹚,故在这里生活的先祖巧妙地将之取名为"鸬鹚丘",后经当地方言体系的不断变更与融合,改称为现在的"炉丘"。

据《永安县志》记载,这个小村落已有近千年的历史了,最初由朱姓人氏从其他地方迁徙而来,并在此繁衍生息,人口数量曾一度达到八百多人,全部为朱姓一族。明朝景泰年间,当时的闽中旺族刘姓一支迁入此地,并逐渐发展壮大,刘氏人口最多到一千五百多人,而朱姓人口则越来越少。朱、刘二姓是最早迁居鸬鹚丘的两大姓氏,直至现在,朱、刘仍是这个小村落的大族人家。时至清末,时逢乱世,百姓为避战乱、土匪而四处奔走,而具备重重高山环绕的鸬鹚丘,成了许多逃难百姓的理想栖息之地,故而许多其他姓氏的人们也迁入了这个小村落。据现在在册的村民户籍统计,仅一千三百多人口的炉丘村却有三十多个姓,这在以宗族为纽带的中国传统村落建制中实属罕见。所以说炉丘村是一个外来人口集聚的小村落,这也说明炉丘这片土地具备包容并蓄、和衷共济的优秀品质,是人们休养生息、安身立命的风水宝地。

我们邱氏人家,也是这个小村落三十多个姓氏中的一员,邱氏早在清朝光绪三至五年间(1878—1880)由闽西上杭县稔田镇官田林家庄村迁徙而来,并在此安居,时至今日,邱氏族人已在炉丘村繁衍九代,笔者是第七代人,所以应该说属于地地道道的炉丘人了。正是出生在这样一个重山环抱的偏僻之地,我的孩童时光,除了和小伙伴们玩玩沙土、打打水战之外,就是听听村里的老人讲述发生在村落里的神奇故事。

或许就是在这样的环境中成长,让我从小就对神奇的故事充满着好奇。现在想来,正是这种好奇心促使我走进《易》的世界,去聆听古圣先贤发出的日久弥新的智慧之音。

一

两则小故事引我踏进《易》之门

每当回忆起孩童时光,总有两则小故事让我难以忘怀:一则是关于我们邱氏家族繁衍的故事;一则是村里朱姓与刘姓族人"霸主"地位更替的故事。

邱氏家族繁衍的故事是说:我们家从闽西上杭迁徙到炉丘村已一百多年,前面的六代(直到家父这一代)全部单传,都是独生子,而到了我们这一代,家父一共生育了我们十个兄弟姐妹,一下子人丁兴旺起来了。为什么会是这样呢?村里的老人总是跟我们一群孩子讲:以前邱家风水不好,到了我家父成家立业后,他懂得看风水,修造了祖上坟墓,找到了根脉发达的风水吉地,所以到了我们这一代人丁兴旺了。

朱姓与刘姓族人"霸主"地位更替的故事是说:在很久以前村里只有朱姓一族人家,没有外族人,后来村里来了一个逃难的刘姓少年,从此之后刘姓人丁越来越多,而朱姓人丁越来越少,经过几代繁衍,刘姓人家取代了朱姓人家,成为村里最大的家族。为什么刘氏与朱氏家族人丁会有如此重大的变化更替呢?村里的老人说,当年刘姓少年逃难来到鸬鹚丘,请求朱姓人家在此落户,但朱氏族长起初不同意外姓人氏入住鸬鹚丘,后来在少年的一再恳求下,朱氏族长看此少年身强力壮,是干活的好手,于是勉强同意他留下来做长工。几年之后,刘姓少年已长成青壮年,到了结婚取妻的年龄。此时,朱氏族中正好有一户人家有一傻女待嫁,朱氏族人看着刘姓青年这些年劳动勤恳、为人和善的实际情况,决定将这一女子下嫁给刘姓青年,但要求刘姓青年结束在朱氏当长工,允许他带着这一女子到离村落约五里地的下洋①自立门户。于是,刘姓青年带着妻子离开了朱家,到下洋开始了自己的垦荒生活,下洋一带的田产都属朱家人的,所以刘姓青年只能在山上垦些荒地,以维持生计,生活非常困难。后来,朱氏岳父看在自己女儿的分上,做通了朱家族长的工作,同意刘姓青年在苏坑溪下游养些鸭子以维持生计。由于刘姓青年勤劳老实又积极肯干,慢慢地生活逐步好起来了,也得到了朱家岳父一定程度的认可。

有一天,夜幕已降临,村里来了一个陌生的老者,想借宿朱家一晚。但朱家人看着这个衣衫褴褛的老头,不肯予以留宿,就叫他再往村落溪口走五华里,去找朱家的女婿刘姓人家借宿。这个陌生老者实为无奈,只好再走了五里地,来到了独门独户的刘姓人家破烂的茅草屋，敲开了刘家人的房门。没想到，刘家人非常热情地接待了这位老者，更让老者感动的是：主人还将正在下着蛋的老母鸭宰杀了款待老者。原来这位老者是一个得道高人，他本次出行就是为"寻龙点穴"而来，而今遇到了这样的好人家，所以他认为此处必有福地，因为"有福之人才可得有福之地"。于是，他在刘家修整了好几天，帮助刘氏点中了一处绝佳的龙穴，这处龙穴处于苏坑溪的北岸，离水非常近，老者说没有关系，就在那里搭个小茅草屋，供刘家鸭子做鸭笼使用就可以了。果不其然，刘家鸭子住进新笼里就从原来每天只产一枚蛋变成了产两枚蛋。从此之后，刘家人一路顺风顺水，家庭也富裕起来了，人丁兴旺起来了；而朱家却慢慢地没落了，经过四五代的繁衍，刘氏取代了朱氏，成为鸬鹚丘的最大家族。

或许受上述两则故事的影响，在我幼小的心灵里，就已埋下了对"风水"这种神奇现象的好奇种子。于是，小时候的我就时不时地向家父请教，问他是如何进行我们邱氏家族的风水堪舆的，家父总是以"你是小孩，不要问这种复杂的问题"将我搪塞回来。后来，我进入了学校学习，年纪也慢慢长大，也就不再观关注这些神奇故事了。

然而，在我家就是有这样一个传统，每逢农历正月初一，家父总会将我们晚辈们叫到一起，给每个人讲讲他的人生体会，顺便也给我们每个孩子提提醒，讲讲他的人生经验，强调我们在工作、学习和为人处事过程中需要注意哪些问题，哪些事情可以做，哪些事情不能做，暂且称之为"春节家风训诫"吧。家父年复一年地重复着他的"训诫"，但我们这些晚辈们大多都将其当着耳边风，左耳进，右耳出。

时到2004年底,我已参加工作八年多,回顾这八年来的工作情况,再反思家父每年正月初一的教诲,确惊奇地发现如果严格按照家父的许多忠言去实践,或许在过往的工作中能起到好的作用,能过让自己少走许多弯路,这也燃起我对人们立身处事、安身立命等人生话题的思考。于是在2005年正月初一,家父的"训诫"结束后,我主动与家父进行了一次深入的交流,谈到了对自己今后要走的道路的想法,家父则建议我在做好工作之余可以看看《易经》。他说"《易》可以使人明理,如果读懂了《易经》,对你的人生一定有帮助。"就是家父的这一句话,引导我走进学《易》的大门,从此一发不可收拾,十几年来从未间断,让我在《易》的世界里增长了知识、锤炼了品格、豁达了人生、提升了格局。

二

易经领引我走进哲学的世界

作为理工男,初读《易经》,自然是对易经术数方面的内容感兴趣,因为迷茫之中知道易经可以用来算算命,看看风水,可以用来占占卦,预测未来。尤其受孩童时代所听神秘故事的影响,总认为《易经》就是用来占卦的,就是用来算命看风水的。然而,随着对《易经》研读的逐步深入,我发现原先的想法太肤浅了。其实,《易经》之为经典,绝不是算命、看风水、占占卜那么简单,《易经》实则一部重要的指导人们安身立命、经世致用的哲学巨著。

说实话,至少在我青年时期对哲学没有概念,也从未涉足哲学方面的学习,记忆中隐约感觉哲学是研究思维、精神和灵魂等"虚无缥缈"不接地气的东西,实则是对哲学理解的严重偏差和错误。

正是通过对《易经》的深入学习，让我对哲学有了全新的认识，正真领会了哲学的魅力。学好哲学是锤炼人生观、价值观和世界观的最佳途径，是提升人们精神境界、净化心灵的思想利器，是引领人们认识世界、识辨万事万物事理的重要方法论。因为《易经》揭示了万事万物发展变化的规律，阐释了为人处世、知变应变的人生法则，诠释了人类社会治理和社会发展的规律，不但涉及对天地宇宙的认识论，也引导人们认识自我、修行人生，同时强调人与自然的和谐关系，凡此种种，范围广大，博大精深，涉及天文、地理、人事、社会等方方面面内容，无所不包。所以，易经是哲学巨著，是中国哲学的根本。

有了对《易经》的学习，让我深深体会到了哲学的魅力，也引领我走进了哲学的世界。从苏格拉底的"心灵智慧"到柏拉图的"理念论"，再到亚里士多德的"认识论"；从老庄的"无为逍遥"至孔孟的"仁义礼智信"，再到佛学的"缘起性空"，这些哲学经典都从不同的范畴指导人类思维，引领人类社会发展。可见，哲学不但在探索宇宙世界物质本源，还在研究人类之学，它是一门全面之学，包容之学，故而具备其他任何一门学科都无法比拟的优势。

三

易经引导我的人生行进方向

通过学习易经，让我对个体生命的人生轨迹有了更加深刻的认识，也为我的人生道路指明了方向。易经强调，个体要安身立命，就必须首倡与人为善，因为人是社会中的人，是被镶嵌在社会中的细胞，不能脱离社会环境而生存，任何人要有所作为都必须借力于社会环境和其他人，所以个体安身立命的第一要务就是与人为善、帮助别人、利益他人，其实也是营造个人发展环境空间的首要方式，易经"益卦"强调的"损上益下"观点，不但是君王的治世之道，也是每一个个体安身立命的根本。

易经卦象的六爻形式，勾勒出形象的六画人生，诠释了人生行进的六步曲。《易》让我深深体会到人生的路途就好比这短短的六爻卦画，总是阴阳交替，变化无穷，但是无论如何变化，总离不开"阴阳制化"这一亘古不变的定律，天地如此，万物如此，其实人生何不也是如此呢？每一个个体的人生轨迹都犹如易经的六爻卦画，总是阴阳变化，升降起伏的。一个乾卦，就让人们认识到在人生的道路上有"潜龙勿用"的寂寞，也有"跃龙在渊"的豁达；有"惕龙若厉"的烦恼，也有"飞龙在天"的洒脱，有"见龙在田"的潇洒，也有"亢龙有悔"的灰暗，所以人生的一切都在短短的六爻中，当你细细品味易经一爻一卦的玄妙变幻时，就一定能够深深体悟"举头三尺有神明"的古训，为你的人生指明正确的方向。

易经强调，世界万物千姿百态，每一个个体都是唯一的，所以人生之路还要靠每个个体自己去行走，只要你能深刻体悟易经乾之大德，效法天道的健运不息，那就一定能够保持一颗永远向上的心，矢志不渝、自强不息。易经各卦各爻都蕴含着人生知变、适变、应变的法则，这些法则就是指引我们人生行进的正确方向。

《周易·乾·文言》记载"知至至之，可与几也，知终终之，可与存义也"。这是强调人类立身于社会，应学会预知事物的发展情状，事物能发展到何种地步，人们的行动就得做到何种地步，这样的人才具备对事物认识的完美和精微；应学会洞察事态发展到何种结果，并以何种结果终止事态，这样的人才是悟道的人，是可以与之存问道义的。可见,《文言》这段文字是谈认知与行动的统一,指出了个体在认知过程中,应能合乎理性并主宰自己的行为,只有这样,才具备谈论更深刻的管理哲学,而且也不会因为个人地位、层次、身份的变动而产生非理性的感情波动。这就是人生知变应遵循的法则。

《周易·系辞下》(第二章)记载"穷则变,变则通,通则久",这是强调,在人生征途上,要主动适应形势的变化,事物总是在时间的推移中发生着变化,这是不以人的意志为转移的客观规律,人们只有懂得把握时势的变化规律,主动适应变化,你的人生航向才永不偏离,必然朝着你内心守定的方位永续前行。

四

易经是我思索人生的智慧源泉

当代著名易学者张其成②教授指出:"易学文化的本质和核心就是易道。易道是宇宙生命的本体理念与生成结构,是开物成务、彰往察来、弥纶三才的大规律、大法则,是天人同构、时空合一、中正和合的思维方式与价值取向。易道构成了中华文化最稳定、最本质的内核,决定了中华文化的面貌、特征和总体走向,代表了中华民族的深层心理结构,促成了中国人特有的生活方式、行为方式、价值取向、伦理道德、审美意识和风俗习惯。"

可见,易经给予中国人的智慧是无穷无尽的,可以说我们每个人的身上都打着易经的烙印,这正如孔子所说"百姓日用而不知"。在我们的现实生活中,随处都可见到易经的影子,如中国古代帝王的年号贞观、奉天、元吉等这些词汇直接来源于易经;我们常说的"变卦了""扭转乾坤""匪夷所思""革故鼎新"等口头用语也都来自易经；又如安邦、大有、中孚、咸亨等这些常见的企业名号，也都直接引用易经；再如北京城的安贞桥源于《易经·坤卦》中的"安贞之吉，应地无疆"，丽泽桥就源于《易经·兑卦》中的"丽泽，兑"，等等。人们日常生活中所见、所闻、所用易经的智慧可谓举不胜举……易经实为广博宏大，无所不备。笔者不才，不能够穷其理，尽悟其道，但求能从含弘广大的易经智慧中汲取碎片化的感悟，形成自己的体会，并以"易道"的形式，从宇宙认识、人生发展、为人处世、社会治理等方面，构筑起引领人生行进的无穷智慧。

易经启示人们运用"阴阳之道"认识世界，强调万事万物都是阴阳制化的结果，都具备阴阳的二重性，不但可以一分为二，存在相辅相成、相互对立、相互制衡的两个方面，也可以合二为一，在对立、制衡中达到统一；运用"三才之道"全面看世界，强调宇宙世界之中的任何问题，都涉及天、地、人三才，只有将此三者有机统一起来认识，才能达到对事物、对问题的全面认识与理解。

易经启示人们运用"健运之道"构建积极的入世观，强调人类个体立身之本是效法天道，自立自强，而且永不停息，努力奋斗；运用"厚德之道"进行人生道德修养，强调人类个体立德之本是效法地道，含弘广大，包容一切，修养道德就如大地一样广袤无垠、无边无际，永无止境；运用"自然之道"构建光明的心性，强调人类本是万事万物中的一员，本是万事万物的构成肌体，所以要培育自然的心性，只有具备与天地相容、与万物合和的自然心态，你的人生之路才会自然宽广。

易经启示人们运用"中正之道"确立人类个体处理人事关系的根本准则，强调"中"与"正"是为人的第一要务，做人就要堂堂正正、光明磊落，中正是人格品质，是思想意识，是人们精神世界追求的目标，易经更是将其置于最高的道德标准，使之成为中华民族追求的核心价值，并引导人们在处世过程中坚守公正无私、执中尚中，客观适度，反对"过"与"不及"；运用"交感之道"确立人们的处世法则，强调阴阳二气通过相互作用、相互推摩、相互鼓荡而交感和合产生万事万物。所以，交感是宇宙育化万物的具体方法，只要人们从根本上体悟事物的发生、发展是交感的结果，那么处理事物就不会显得束手无策，就能够把握事物的本质规律，正确行事。

易经启示人们运用"和合之道"确立对社会的认识观，社会是人类特有的范畴，是人类与人类及其他物质之间的关系总和，只有"和合之道"才具备构建如此庞大复杂的关系系统；运用"损益之道"进行社会的治理，人类要维系自身社会的永续发展，就需要不断地根据时势的变化规范社会秩序，当损则损，当益则益，损益相随，相向而行，推动社会治理不断完善，不断发展，推动人类社会永续发展。

谈及对学易的体会，笔者更乐于在博大精深的易文化中寻找点滴利人的人生法则，形成自己对"易道"之管见，并用文字予以记录。尔非大师贤达，不具发扬《易经》以天地准、弥纶天人、贯通时空之能力，但求从学易之中认识自我、锤炼心智、修行品质，豁达人生。

注释：

① 下洋：地名，是一个无人居住的南方小村落，现在为福建省永安市青水畲族乡炉丘行政村管辖，距炉丘村部约二点五公里，村落良田约两千亩，其他为山地。

② 张其成，男，1958年10月生，安徽徽州歙县人，出生于国家级非物质文化

遗产"张一帖"医学世家。北京大学哲学博士,现任北京中医药大学国学院教授、博士生导师,当代著名易学者。著有《易学大辞典》《易经应用大百科》《易道主干》《易图探秘》《象数易学》《张其成全解周易》等多部易学专著。

第二卷 感悟易道

第七章　阴阳之道

《周易·系辞上》（第五章）记载"一阴一阳之谓道"。一语高度概括，说阴阳就是"道"。通读《周易》，你就会发现，《易经》以"--""—"两种符号表达了阴阳观念，第一次较系统地展现了阴阳学说所包含的内在意义。虽然，《周易》中没有明确提到"阴阳"的概念，却以"卦象"的方式描述了阴阳的生化和制化过程，并通过卦爻符号，形象地反映了"阴阳二性"在一个对立统一体中的排列、组合，非常符合人类的理性思维和逻辑思维。所以，我们从学《易》中体感到的第一大道就是"阴阳之道"。

一

阴阳是中华民族认识世界的基础理论

在中华文化中，阴阳指示蕴藏在宇宙世界自然规律之内，能推动自然规律发展变化的本原，既是化育万物的基础，也是推动事物生发、发展、成熟、衰退直至消亡的原动力。概括而言，阴阳理论是中华文明的起源，中国古代哲学就是从"阴阳"这一基本要素出发并逐步建立和发展起来的，由此也引申出一系列涵盖哲学、自然科学、社会科学、生命科学等各种范畴诸多领域的阴阳知识，一直影响至今。可以说，在中华文化发展史上，阴阳是奠定中华文明逻辑思维基础的核心要素，并已经深深融入每一个中华儿女的血脉之中，成为中华民族固有的基因。我们日常生活之中接触的人、事、物和我们的行为习惯无处不体现"阴阳"的影子，正如《易传》所说的"百姓日用而不知"，虽然我们天天在接触阴阳，在运用阴阳，但我们却没有发现它的存在。

《周易·说卦》记载："天地定位，山泽通气，雷风相薄，水火不相射。"这句话是对阴阳之间内在关系属性的阐释。"天地定位"表示阴阳的互体关系。天地指乾坤卦，天在上，地在下，指示任何一方都是因对方的存在而存在，也就是说有了"地"的概念，才相对有了地之上的"天"的概念。天是因为地的存在而存在，地是因为天的存在而存在，这就是阴阳的互体关系，即阴阳是一体。其实，阴阳互体关系在我们的日常生活中随处可见，就拿人的手掌来说，有手心，也有手背，手心灵动为阳，手背止静为阴，如果离开了手心，就无所谓手背了。所以，手心与手背就是阴阳的互体关系。人们常说："手心手背都是肉。"这其实是阴阳互体关系的直接阐释。

"山泽通气"表示阴阳的育化关系。山泽指艮兑两卦，高山与河泽以"通气"的方式产生、孕育、创造新事物。《周易·系辞下》（第五章）说"天天氤氲，万物化醇，男女构精，万物化生"；《荀子·礼记》中说"天地和而万物生，阴阳接而变化起"；宋代周敦颐①在《太极图说》中也说"二气交感，化生万物"。可见，在中国的文化里，阴阳是万物的化生之源，阴阳交感是宇宙世界万物生成和变化的肇始。其实，这种宇宙观并不难理解，就像晋代著名易理大师郭璞②在《葬书》中说的"夫阴阳之气，噫而为风，升而为云，降而为雨，行乎地中，谓之生气"一样，上天的阳气下降，地上的阴气上升，阴阳二气交感，化生出万物，并形成了风、云、雨、雾、阳光、空气等物质，而这些物质相互交感产生了生命体。所以，如果没有阴阳二气的交感运动，就没有自然界，就没有生命。可见，阴阳交感是生命活动产生的基本条件。这就是阴阳育化关系。

"雷风相薄"表示阴阳的同根关系。雷风指震巽两卦，说明雷风的产生同起一源，都是由于"震"（即动）而形成。《周易·说卦传》记载"帝出乎震，齐乎巽"，这就是说震巽两卦都起源于震卦。我们仍然以手掌为例，"手心手背都是肉"体现了"手心"与"手背"这对阴阳关系都同源于"肉"，是肉长出手心与手背，这就是阴阳同根关系。

"水火不相射"表示阴阳的对立关系。水火指坎离两卦，水火之间是相对立的，指示完全相反的两种作用。易经认为，世间一切事物或现象都存在相互对立的两个方面，如上与下、天与地、动与静、白天与黑夜等，而向上的、动态的、阳光的等明显、张扬的现象属阳；而向下的、静态的、黑暗的等不明显、收敛的现象属阴。同时，阴阳双方又是互相依存的，任何一方都不能脱离另一方而单独存在。我们还以手掌为例，手掌由手心与手背两部分构成，但手心与手背永远对立，决不相融，手心总是向内的，手背总是向外的，此二者总是对立的，这就是阴阳相对的关系。当然，手心与手背又是相互依存的，离开了"手心"，就无所谓"手背"了。所以，阳依存于阴，阴依存于阳，每一方都以其相对的另一方的存在为自己存在的条件，这就是阴阳互感，就如老子《道德经》里讲的"万物负阴而抱阳，冲气以为和"。

阴阳源于《周易》，后学研易者对阴阳进行了种种诠释，并不断发挥、发展，直至北宋时期，周敦颐著《太极图说》，将阴阳之理上升为一套完整的哲学理论，使阴阳发展成为专门的学说思想体系。《太极图说》有一段这样的叙述："无极而太极。太极动而生阳，动极而静，静而生阴，静极复动。一动一静，互为其根。分阴分阳，两仪立焉。"这是对《周易·系辞上》（第十一章）"易有太极，是生两仪"的进一步阐释。同时，《太极图说》还讲："二气交感，化生万物。万物生生，而变化无穷焉。"笔者认为，北宋周敦颐所著《太极图说》对阴阳概念的阐述，恐怕是留传于今对阴阳最好、最完备的诠释。当然，周敦颐先生生活在北宋时期，距今近一千年，其所著《太极图说》再容易读，也属文言文体，许多观点的阐述在今人看来仍然过于抽象，但其中论述的动静分阴阳，动而生阳，静而生阴，静极复动等观点，分明是对宇宙世界万事万物形成、发展、变化的最贴切论述，也从理论的高度阐释了中国古人借助"阴阳"来揭示宇宙奥秘，给我们的认识论发展提供了不竭的动力。

二

阴阳是中华民族探索宇宙奥秘的重要方法论

《周易·贲·彖》记载："观乎天文，以察时变，观乎人文，以化成天下。"在中国古人看来，不论观于天文，还是观于人文，其核心的方法论就是阴阳的变化。中国上古先贤发现日落日升、月盈月亏、寒暑更迭、昼夜更替、阴晴变化、阳光向背等一系列的变化都有一个共同特点，就是循环往复，周而复始。于是，古人得出了时令推移与变化是周而返复的过程，故称之为"以察时变"。这种时令推移中的变化总是遵循着二向性，有日落必有日升，有白天必有黑夜，有酷暑必有严寒,所以中国古人用高度凝练的语言——"阴阳"对这种天象进行概括和抽象,从而形成了阴阳学说。然后,再运用阴阳观念来观乎人类社会现象,发现人类社会中的现象也都具有阴阳的二重性,当阴阳达到了和合或者平衡时,则社会各种现象就能够自然而然地和谐共生,使人类社会秩序井然,天下大治,所以称之为"以化成天下"。由此可见,不论是观乎天文,还是观乎人文,其实质都是从观象中体悟阴阳变化对时令推移和人类社会发展的作用。可见,阴阳之道是贯穿中华文明的发祥、发展和传承的全过程,从古到今,中华民族的每一个儿女都在自然而然地运用阴阳观念对宇宙奥秘进行着不断的探索。

从现代学科的角度对《易经》蕴含的"阴阳之道"进行解析,你也会惊奇地发现,现代哲学、物理学、数学等多学科中的方法论、认识论都可以从《易经》的阴阳之道中寻得根源。

从现代哲学的观点看阴阳,它指示事物发展过程中的对立统一。首先表现为阴阳的同源关系,即统一体,因为是"太极生两仪"。不论是阴还是阳,都是从太极生化而来的,太极就是阴阳的同源体,而阴阳是太极的表现形式。既然阴阳是太极的表现形式,那么它们一定是相互依存的,也就是说一方的存在是以另一方存在为条件的,阴是阳存在的条件,阳是阴存在的条件,二者互为条件,所以说阴阳是同一的。其次,阴阳是对立的,就是说双方是相互斗争的、相互否定的,即阴则非阳,即阳则非阴。阴与阳是分明的,就如男人和女人一样,男人就是男人,女人就是女人,不存在"既是男人又是女人"的人。或许有人疑问,当今社会,不是可以通过科学技术的变性手段而产生"阴阳人"吗?如果你真正理解了阴阳理论的内涵,这种疑问就迎刃而解了,因为无论你采用什么样的变性技术,从生命的角度看，是有时间先后顺序的，可以说你过去是男人或者女人，而现在是女人或者男人，在同一个时点上，是不存在"阴阳人"的。这就是阴阳的对立性。再次，阴阳的同一性和对立性是相互关联的，同一是阴阳对立面双方的同一，就好比我们说男人和女人是阴阳的对立面，但共同的前提都是"人"，这个"人"就是"男人"与"女人"这一组对立面的同一；反之，对立是在同一体内部的阴阳对立，这就好比说男人与女人有明显的阴阳对立，但都是人，是在"人"的前提条件下的阴阳对立，而这种"对立"又是可以相互依存，相互渗透甚至可以互相转化的。可见，从现代哲学的角度看"阴阳"，它就是研究宇宙世界、乾坤天地和万事万物的本源及变化的，并且根据自然本源及其变化，可以推演生命、人类社会的本源及其变化。

从现代物理学的观点看阴阳。阴阳的对立统一性与现代物理学尤其是量子物理学理论有异曲同工之妙。《易经》强调的"天、地、人"三才构成了宇宙世界的基本统一，天道、人道、地道的变化规律是通过卦象而体现的。可见，《易经》里的卦就是"天、地、人"三才互相依赖，不可分割的整体，并以阴阳爻的变化来描述宇宙间万事万物的一切现象，人是作为天、地的参与者存在于一切事物的变化之中，而不是作为观察者存在于天、地之外的。如果把天、地看成一个组成部分，人为参与者，这也是量子宇宙的一个组成部分，可见量子力学和《易经》在揭示宇宙间所有事物基本方面是一致的。如果对量子力学有了解的读者，不妨将量子力学的原理与《易经》哲理思想进行比较，那么你一定会惊奇地发现，量子力学中能量相互作用的每个环节都体现为宇宙间所有事物和事件的统一性。量子力学在构建各种物理模型时，都是将事物和现象的组成看成一个整体，体现为宇宙世界之中的事物和现象是互相联系的，相互依赖的统一体，这就是阴阳的互体和同源关系。量子力学有一个非常著名的"波粒二象性"，认为物质是具有两重性的，既有粒子性，又有波动性，而物质表现出何种性质，主要看它所处的环境，在有些情况下，粒子性占主导地位，在另外一些情况下波占主导地位。《易经》所说的"一阴一阳为之道"亦可以理解为自然界中存在的两种能量，即阴能量和阳能量，而这两种能量是构成世界一切物质的基础，这两种能量通过卦象符号系统和卦爻辞文字系统的互相渗透，构成了一套完整的信息转换系统，如果我们将阳爻（—）和阴爻（--）分别赋予粒子与波的物理定义，那么量子力学的"波粒二象性"与《易经》阴阳之道的逻辑思维则完全一致。在《易经》中阴阳就是宇宙能量或状态描述的两种互相转化形式，在一个卦象中阳爻可以转换为阴爻，阴爻也可以转换为阳爻。在什么情况下转换呢？则取决于不同的时间、地点与环境。如果用阳爻代表粒子性，用阴爻代表波动性，波粒二象性就统一在卦象中了，这就反映出同一事物的阴阳对立的特点，也反映了它们相关联的特点。同一物质粒子何时何处表现为粒子性？何时何处表现为波动性？又何时何处进行转换？等等。这些疑问的解答，应由卦象符号系统和卦爻辞系统共同决定。其实，只要读者深入领会阴阳理论的内涵，就不难发现现代物理学中有许多的原理和模型，如"基本粒子""测不准原理""真空结构"等，都可以用《易经》的阴阳之道进行解释。

从数学的观点看阴阳。最明显的启示就是"二进制"。众所周知，数学二进制的发现直接促成了电子计算机的发明，并让计算机得到了迅速的发展和普及，成为现代人类生活和生产的重要工具。现代数学二进制的实质是通过两个数字"0"和"1"来描述事件。在人类的生产、生活等诸多领域，人们通过计算机虚拟地描述现实中存在的事件，并通过人类给定的条件和参数模拟事件变化的规律，为人类生产、生活提供高效、便捷的服务。可以说在当今社会，现代计算机几乎是万能的，能将人们现实生活中的精彩世界完美复制。但是，不论计算机能带给我们如何变幻、如何完美、如何复杂的画面，其本源就是简单的"0"和"1"。"0"和"1"在计算机中通过不同的组合与再组合，模拟出一个纷繁复杂、包罗万象的虚拟世界。在《易经》中，中国古圣先贤们将"阴阳"作为构成宇宙世界的基础，通过阴阳组合和再组合来描述世界万物的变化规律，而创制了八卦、六十四卦。只要我们用现代数学二进制的"0"和"1"对《易经》阴阳概念进行置换，将阴爻"--"转换为"0"，将阳爻"—"转换"1"，那么现代数学的二进制就等同于《易经》阐释的自然界中"阴"和"阳"两种能量了。既然现代数学二进制的"0"和"1"通过计算机能够创造出一个虚拟的纷繁复杂世界，那么自然界中的"阴"与"阳"为什么就不能形成现实世界的万事万物呢？回答是肯定的，自然界中"阴"和"阳"就像计算机中的"0"和"1"一样，真实地构成了我们纷繁复杂的宇宙世界。

从中医学的观点看阴阳。中医强调人体是一个小宇宙系统。这个小宇宙一样有天地之分，即是阴与阳的对立统一体，人体生病是由于人体的小宇宙失去了阴阳平衡，就是大宇宙中"天地定位"不准确，乾坤不平衡了，那么就会引起人体的一系列反应，包括疾病。而治病的根本就是帮助病人调节体内阴阳，使其达到平衡的过程。进一步讲，中医里"表里、寒热、虚实"等疾病形成过程所表现的现象，就是体内一组组既对立而又统一的阴阳现象的外在表现，"表证、热证、实证"就属于"阳"的范畴，"里证、寒证、虚证"就属于"阴"的范畴。因此，阴阳在中医理论中处于总纲的地位，一切病证都可以归之为阴阳失衡的结果。阴阳在中医学的运用，是中华民族数千年来治病救人的根本方法，许多医学专著都有详述，在此不再赘述。

笔者认为，易经的阴阳之道不仅是中华民族认识世界的基础理论和探索宇宙奥秘的重要方法论，更是对中华民族的文化构建、东方人文精神的形成发展产生深远影响，而且作为中华文明的源头予以体现。在整部《易经》中阴阳之道已涉及了天道、地道、人道的宇宙一切事物，只要我们认真学习，细细味味易经一卦一爻的变化，就一定会有意外的收获，一定会从中收获意外的惊喜。

注释：

① 周敦颐（1017—1073），又名周元皓，原名周敦实，字茂叔，谥号元公，北宋道州营道楼田堡（今湖南省道县）人，世称濂溪先生，是北宋五子之一，宋朝儒家理学思想的开山鼻祖，文学家、哲学家。著有《周元公集》《爱莲说》《太极图说》《通书》（后人整编进《周元公集》）。所提出的无极、太极、阴阳、五行、动静、主静、至诚、无欲、顺化等理学基本概念，为后世的理学家反复讨论和发挥，构成理学范畴体系中的重要内容。

② 郭璞（276—324），字景纯。河东郡闻喜县（今山西闻喜）人，两晋时期著名文学家、训诂学家、风水学者，建平太守郭瑗之子。郭璞自少博学多识，又随河东郭公学习卜筮。永嘉之乱时，避乱南下，被宣城太守殷佑及王导征辟为参军。晋元帝时拜著作佐郎，与王隐共撰《晋史》。后为大将军王敦记室参军，以卜筮不吉劝阻王敦谋反而遇害。王敦之乱平定后，追赠弘农太守。宋徽宗时追封闻喜伯，元顺帝时加封灵应侯。郭璞是两晋时代最著名的方术士，传说他擅长预卜先知和诸多奇异的方术，传世最著名的作品为《葬书》。他好古文、奇字，精天文、历算、卜筮，长于赋文，尤以"游仙诗"名重当世。

第八章　三才之道

　　《周易·系辞下》(第十一章)记载："易之为书也,广大悉备:有天道焉,有人道焉,有地道焉。兼三才而两之,故六。六者无它也,三才之道也。"这段话的大意是:《易》作为书籍,内容广大完备,博大精深,有天道、地道、人道。兼备了天、地、人三才而又两两相重而成,这就是六画卦(即重卦)。六画卦,并非别的什么东西,就是天、地、人三才之道。可见,三才之道就是指天道、地道、人道这三大范畴,涵盖了宇宙世界的全部内容。因此,从范畴上讲,三才之道揽括了《周易》全书所阐释的所有之道。在这里,《系辞》接着说:"道有变动,故曰爻。"这是进一步强调了天、地、人三才是处于生生不息的变化发展之中,在《周易》里就反映在"爻符"的变化中。《周易》中的爻符就代表着阴阳。所以,"道有变动,故曰爻"指示阴阳的变化关系。由此可见,三才之道是《周易》阴阳之道的进一步深化。

一

三才之道是易经阴阳之道的具体化

《周易·说卦》记载:"昔者圣人之作《易》也。将以顺性命之理,是以立天之道曰阴与阳,立地之道曰柔与刚,立人之道曰仁与义。兼三才而两之,故《易》六画而成卦。分阴分阳,迭用柔刚,故《易》立位而成章。"这是易传《说卦》对天、地、人三才内涵的进一步界定:天道就是"阴与阳",地道是就"柔与刚",人道就是"仁与义"。

这是为什么呢?因为"圣人作《易》,以顺性命之理"。洞察天、地之道,是为了理顺人之性命,顺从天、地之道,是指导人之性命的发展。可见,《易传》产生后,中国古圣先贤已经将人的地位提升至与天、地一样的高度,置人的因素于宇宙三才之中,为人文思想的形成奠定了基础。因此,"三才之道"就是通过卦爻的变化,来研究、分析、说明世界万事万物的发展变化规律,并用于指导人们避凶趋吉,走向成功,创造出彩人生的大道。

为什么立天道就是说阴阳呢?因为"天地氤氲,万物化醇"。在中国传统文化中,天是世界的最高主宰。然而,天如何主宰着万事万物呢?就是通过阴阳的变化,就是体现在《周易》卦爻符的变化之中。阴阳又是怎样变化的呢?阴阳是以"气"的形式进行着不断的生化而化育万物的。所以,立天道,说阴阳,就不得不说"气"。而这个"气"其实就是阴阳的另一种表达方式,就是"阴阳之气"。气(或称阴阳之气)作为中国古代哲学的重要概念,被用来说明万物的形成、发展、变化以及所呈现的状态。所以,这里的"气"(古也作"炁")已远远超越我们现在人们理解的物理学中的空气、气体之"气",它不是以自然形态的方式存在,而是作为宇宙的本体和万物构成的本原存在的。作为天之"气",它又是以"象"的形式呈现出来的,所以,《系辞》里讲"在天成象",这就是说天之"气"在化育万物的过程中表现为"象",如日、月、星、辰等。北宋理学大师张载在《正蒙》①中对"气"有深刻的论述,他指出"所谓气也者,非待其蒸郁凝聚,接于目而后知之。苟健顺、动止、浩然、湛然之得言,皆可名之象尔";"凡可状,皆有也;凡有,皆象也;凡象,皆气也"。所以,《周易》讲"天之道",就是号召人们通过仰观"气象"来洞察宇宙的本体和万物的本原,并从中效法宇宙周期变化的规律,顺应自然变化的法则。现在人们经常说"观气象",将"气"与"象"并称,这实质是源于《周易》中的天道思想。

为什么立地道就是说柔刚呢?大家知道,柔与刚是针对物质的质地、质量而言的。所以地道之柔刚,就是讲地之质的。地之质就是指示在地上有形有质的万物总体,《系辞》里讲"在地成形",这就是说地之质是有形的,大地上的山、川、河、泽都是有形有状的,这就是质的表现形式。张载在《横渠易说·说卦》中强调"阴阳,气也,而谓之天;刚柔,质也,而谓之地""阴阳其气,刚柔其形"。朱熹则说:"刚柔者,阴阳之质,是移易不得之定体,故谓之本。若刚变为柔,柔变为刚,便是变通之用。"可见,不论是理学之开创者张载,还是理学之集大成者朱老夫子,都对《周易》天、地之道进行了阐发,都强调了的天道论"气",地道论"质"的观点。其实,大家不难想象,万事万物都是以刚柔之质呈现在人们的眼前,而其内在的本质则是阴阳之气的制化,或聚或散,或清或浊,或重或轻,这种阴阳气旋的周而反复运行才是育化万物的本质。

为什么立人道就是说仁义呢?《周易》认为，人类存乎于世间，要"顺性命之理"。"性"就是指人性，"命"就是指天命，就是世界的必然性与规律性，即自然。换言之，就是人生存于世间，要顺从人的本性，顺应自然现象的必然性。这就是《周易·说卦》指出的"穷理尽性以至于命"，而且将其作为人生追求的最高标准，以期最终达到与自然规律相一致，相协调，即"天人合一"的境界。然而，如何才能实现上述的最高人道目标呢？古人云"仁与义"。这里的"仁"是人类最高的道德境界，"仁"是人类个体安身立命的根本，是人类道德修为的最终目标，《周易》三才之道中的人道，就是号召人们要用一生去修养自己，使你的品德达到"仁"的境界。孔子在《论语·雍也》中说："能近取譬，可谓仁之方也已。"这是说，人们可以从自身、从当下的生活中一点一滴地去做，去努力，这就是实践仁道的方法。可见"仁"是人道思想中阐释个人修为、提升品德的道德范畴。这里的"义"是指示人的行为要秉持正义、正当、合宜，也是对"公正""正义"的肯定，是人们处世过程的行动指南和人生历程的正确道路。可见"义"属人道思想中的行为法则范畴。《孟子·离娄上》记载："言非礼义，谓之自暴也；吾身不能居仁由义，谓之自弃也。仁，人之安宅也；义，人之正路也。旷安宅而弗居，舍正路而不由，哀哉！"这就是说，出言不讲求礼义，就是自己残害自己；自己认为不能以仁居心，不能由义而行，就是自己抛弃自己。仁是人类最安详舒适的住宅，义是人类最正确的道路。把最安详舒适的住宅空着不去住，把最正确的道路舍弃不去走，真是可悲啊！可见，在孟子看来，仁是居于心，而义是行于路，这就是说《周易》的人道思想强调了个人的修为与立身的行动，一个向内，就是以仁养心；一个向外，就是以义立身。

一言以蔽之,《周易》以"阴阳"统领天道的变化规律,以"柔刚"总括地道的变化规律,以"仁义"规范人道的变化法则。阴与阳、柔与刚、仁与义,此三者分别从天、地、人三个纬度对纷繁复杂的宇宙世界进行二元划分,据此产生了六个方面,即一个六爻重卦,而且每一组合都是"对立统一体",这三组"对立统一体"又存在着不可分割的内在联系,从"气"的角度叫阴与阳,从"质"的角度叫柔与刚;从"性"的角度叫仁与义。当然,古人立此三才,并不是说三者就是平行关系,而是从属关系,天道是统领,地道是和顺于天道,而人道则是效法天地大道,禀受阴阳之气、成务柔刚之质,以正人之性命。

总而言之,易经的三才之道是贯穿《周易》全书的核心内容,是对易经阴阳之道的拓展和深化。如果说阴阳之道是世界的本原,那么三才之道则是对世界本原内涵的具体化,从气、质、性三个纬度,对宇宙构成本原的明确界定,为人们认识宇宙世界指明了方向。

二

三才之道是中华文明的思想基础

《周易》阐述的天道就是乾卦,"乾为天,健也"。《周易·乾·彖》记载:"大哉乾元,万物资始,乃统天","乾道变化,各正性命",这分明是对天道蕴含的大德的总结;《周易·系辞上》(第一章)又说"乾知大始"。可见,乾卦的品格是统揽天道,"资始"宇宙万物的。这里的"大始"是关键,就是指资生、开始的意思,是说乾卦统领的天道,只负责生发宇宙万物,但不负责成就宇宙万物。这就好比说"只负责生孩子,但不负责养孩子"一样,乾卦只负责生发万事万物，但不负责万事万物的成长。

《周易》阐述的地道就是坤卦，"坤为地，顺也"。《周易·坤·象》记载："至哉坤元，万物资生，乃顺承天。坤厚载物，德合无疆。含弘光大，品物咸亨。"可见，坤卦正好相反，是顺承天道而生成万物、载养万物，以致万物亨通的。这就好比说坤卦只负责养，它不需要生，孩子从乾卦那里顺承过来就可以了。

《周易》阐述的人道，虽然没有专门的单个重卦对应，但可以说整部《易经》的下经三十四卦都是在讲人道思想。可见，三才之中的人道在《周易》全书中占据了非常重要的位置。在三才中，人道居于天地之中，人道并不是独立于天地之道以外的再生之道，而是秉受天道的阴阳之气，顺承地道的柔刚之质，以天道、地道的规律、标准来运行人类社会，规范人类的实践活动。《周易》强调，人类只有向天地大道学习，才可以造就成才，才可能成为君子，成为圣贤。《周易·系辞上》（第一章）记载："乾以易知，坤以简能；易则易知，简则易从。易知则有亲，易从则有功。有亲则可久，有功则可大。可久则贤人之德，可大则贤人之业。易简，而天下之理得矣。天下之理得，而成位乎其中。"这段文字的大意是：天道以变化的法则统领宇宙规律，地道以简便的法则成就宇宙事物。变化的规律容易被认识、被掌握，而简便方法就容易被遵从、被效法。容易认识和掌握的"道"就会得到人们的理解和亲近，容易遵从和效法的道，就能促成人们成就功业。而有人理解和亲近就能长久，成就功业就能不断壮大发展。能够长久就是贤德之人所应有的品德，能够宏大就是贤德之人应该建立的功业。人们如果能够认识并理解天道变化的规律，掌握并效法地道简单的法则，那么，天下的道理就能被掌握了。掌握了天下的道理，就能在天地之间确立人的地位了。这是对

《周易》立人道的最好诠释，它清晰地阐释了人道与天道、地道的内在关系。

可见，《周易》通过对卦爻的变化关系确立了人立于天、地之中，首次将人类置于三才之中，这是中华文明特有文化现象。老子在《道德经》经里讲："一生二，二生三，三生万物。"《道德经》里的"一"指阴阳未分之前的混沌之体，"二"就是阴阳，"三"就是三才。在《周易·系辞上》（第十一章）里说"易有太极，是生两仪，两仪生四象，四象生八卦"，这里的"太极"与《道德经》中的"一"都指混沌之体；而"两仪"与"二"都指阴阳；"四象生八卦"与"三生万物"都指示天、地、人三才，因为三才之道是蕴含于爻符的变化之中，而爻符就是八卦的符号。可见，不论是儒家还是道家，其对三才思想的发扬都源于《易经》。

总之，易经提出的"天、地、人"三才之道的伟大学说，奠定了中华文明的思想基础，而且早已深深灌注于中华民族的血脉之中，培育了中华民族乐知天命，乐于天地合一、乐于自然和谐的高尚品质，塑造了我们民族对天地、对自然虔诚和敬畏的优良品格。

注释：

①《正蒙》，又名《张子正蒙》，是张载所著的重要著作。《蒙》是《周易》的一个卦名，该卦彖辞中有"蒙以养正"语。蒙，即蒙昧未明；正，即订正。意即从蒙童起就应加以培养。张载说："养其蒙使正者、圣人之功也。"书名由此而来。张载《正蒙》一书为其晚年定论之作，完全彰显他的理论全貌，历来著述不少，王船山即著《张子正蒙注》，基本上完全继承并发展张载的气论哲学体系，船山学堪称中国儒学史上最后且最大之一家，其思辨力深隧，思想特色鲜明至极，他诠释全书，视《正蒙》为儒学立论养分之来源，可见该书在哲学理论建构上的

深度与强度。张载在《正蒙》中,以《易传》为根据,论证了物质的气是世界的本原,批判了佛教"以心法起灭天地"和老子"有生于无"的思想,他提出的"一物两体"思想,对古代朴素辩证法的发展做出了重要贡献。

第九章　健运之道

《周易·乾·彖》记载:"大哉乾元,万物资始,乃统天。云行雨施,品物流形。大明终始,六位时成。时乘六龙以御天。乾道变化,各正性命,保合太和,乃利贞。首出庶物,万国咸宁。"这段话的大意是:伟大啊!乾是天的开创始者,万物从此开始资生,所有一切统统属于天。云在游行,雨在降落,万物开始繁殖生长并赋予形体。太阳出没始终是东升西落,向南背北,日升夜降,六方(东西南北上下)位置依太阳轨迹而得以确定。太阳驾驶着六条"飞龙"在空中有规律地运行。乾道的这种运行变化(形成季节气候),使万物在大自然中找到适合生存发展的时间和方位,使世界保持、调整着全面和谐关系,达到普利万物、中正循环的境界。天的功德促进了万种物类丰盈,给天下带来普遍的康宁。

可见,《周易》乾卦象辞为人们描绘了一幅万物生发、欣欣向荣、和顺致祥的天地万物运行图,这幅运行图的最大特点是展现了天道运行总是强健、刚健而且永不停息的。从这个天地万物运行的场景中,中国古人得出的卦象启示结论是"天行健,君子以自强不息"。这就是号召人们效法天道就要学习天道行健的品质,坚持发奋图强,奋斗不止。

在现实生活中,大家静心想一想,什么东西是最强健、刚健、劲健的,而且又永不停息地运动变化着?恐怕就是"天"了,因为天是广袤无垠,无穷无尽,幽深玄奥,复杂精妙的,它所体现出来的四时更替、寒暑往来、日月光辉等万物气象,总是不以人的意志为转移,总是按照一定的规律永不停息地自我更替。而且,这种气象又禀赋于人类的生命和万物的丛生,但从来不与人类和万物争利。老子在《道德经》里说:"天之道,利而不害。"这就好比说,万物从太阳获得能量而得以生发、发展,人类从太阳获得光亮,而得以生存并开展生产活动,但太阳从未向万物和人类索要回报,它仍然是白天升起,夜晚降落,从不改变。天所具有的这种品质就叫"天道",是以"健"和"运"两个特质存在,"健"就是强健、刚健、劲健的意思,"运"就是运动、变化、永不止息的意思。所以笔者索性将易经乾卦蕴含的易道称为"健运之道"。

一

乾卦卦象是健运之道的直接体现

乾卦是怎样构成的呢?乾是纯阳之卦,六根爻全部是阳爻,所以说它是强健、刚健的,它的卦辞就"元、亨、利、贞"四个字,高度概括。这四个字到底是什么意思呢?历来有不同的解释。笔者认为,最具科学性、合理性的解释当属宋代理学大师程颐的《程氏易传》[①]和《周易》的《文言》了。

宋代理学大师程颐在《程氏易传》(第一卷)中说:"元亨利贞,谓之四德。元者,万物之始;亨者,万物之长;利者,万物之遂;贞者,万物之成。"在程颐看来,乾卦的卦象就是描绘万物的生长场景,卦德就是揭示万事万物运动变化、循环往复的运行规律，这个运行规律可以划分为"元、亨、利、贞"四个阶段，将之与四时相配，"元"就是春生阶段，"亨"就是夏长阶段，"利"就是秋收阶段，"贞"就是冬藏阶段，正好是一年四季的周期，也恰好是草木发生、发展、成熟、消亡的全过程。这个动态的过程不是至"贞"的阶段就停止了，而是"贞极元起"，四时节气总是冬去春来，循环往复的。因此，世界总是生生不息，日新月异，永葆蓬勃的生机。程颐将乾卦卦辞"元、亨、利、贞"称为四德，将卦象的文辞上升为"德"的高度，使"元、亨、利、贞"四德引申为万物的生发长成过程，配之以四季时序的变化，从时间范畴对前文提到的"天地万物运行图"进行规范，这符合世界的现实情况。但是，《程氏易传》（第一卷）中没有对乾卦天道大德转化为人道思维，运用于指导人类的行动做进一步的阐发。

然而，《周易》本身则不一样，在《周易·乾·文言》开篇就说："元者，善之长也；亨者，嘉之会也；利者，义之和也；贞者，事之干也。君子体仁足以长人，嘉会足以合礼，利物足以和义，贞固足以干事。君子行此四德者，故曰：'乾，元、亨、利、贞。'"这段文字大意是：元，是众善的统领；亨，是众美的集合；利，是义理的统一；贞，是事业的主干。君子履行仁义就足够可以统领号令百姓，众美的结合就足够可以符合礼义，利人利物就足够可以合乎义理，坚持正道就足够可以成就事业。君子身体力行这四种美德，所以乾卦具有的这四种品德就叫"元、亨、利、贞"。可见，《文言》的作者认为，乾卦的卦辞阐释了天道所具有的四种品德，而这四种品德正是人们需要效法的天之大德。所以，易传《文言》对乾卦的卦辞已进行了深刻的阐发，使乾之大德由描述天道运行规律转化为指导人类社会生产活动的行动标杆。

那么，人们如何效法乾卦"四德"呢？就是要行"仁义"之道，因为只有具备仁义品德的君子，才能和天一样，号令天下，使天下百姓合乎礼义、遵守规范，做到利人利己，成就伟大事业。从《文言》这段文字不难看出，《文言》作者对易经乾卦经文的理解已由原本的阐释天道运行规律上升至人道思想，强调了人类要效法天道法则，这不得不说是人文思想进步的重要成果，也从另一个侧面说明了《周易》一书至《十翼》成文以后，已由过去的专用卜筮之书发展成为中华哲学经典。

二

乾卦爻象是健运之道的表现形式

乾卦以天设寓，以龙设象，以卦画六爻划分不同时空周期，展现龙的活动轨迹和行动结果，从而揭示宇宙世界从初元至正贞的生发、发展至消亡的全过程；同时，又专设用九爻②，以明示阳极阴生、物极必反的天道运行周期定律。这种对爻象的阐释非常符合现在人的理性思维和逻辑思维。

初九以"潜龙"设寓。顾名思义，这是潜藏、潜伏起来的龙。潜伏之龙何以行事？"勿用也"。可见，乾卦初爻指示宇宙万物初始，是在集聚能量，吸收地气的过程，这个阶段仍未秉赋上天之元气，故而不可妄为乱动。此时之龙以潜而安，但是潜龙不是说一无作为，而是要吸收能量，进行修炼，等待时机。

九二以"见（现）龙"设寓。此时之龙已由潜伏山洞转身于田野，可以飞动，如果能遇见大人物，自己的身段手足可以得到大人物的赏识与重用，那么初露锋芒、崭露头角机会就到来了。

九三以"惕龙"设寓。此阶段进入内卦上爻，处于内外两卦变动交接时节，龙虽在九二时已崭露头角，但如果不知居安思危，不立忧患意识，而是狂妄作为、高傲行事，则必有凶。所以，"惕龙"得"终日乾乾，夕惕若厉"，方可达到"无咎"。

九四以"跃龙"设寓。至此时节，经过九三阶段的"终日乾乾，夕惕若厉"，已成长为可以飞腾长空、翱翔洋海的"跃龙"。值此时节，虽一身本领，游刃有余，上可九天揽月，下可五洋捉鳖。然而，未见"大人"，则在"渊"为吉。这表明，到此阶段，虽然已具备了一跃上天的大本领，但是如果时机未到、平台不够，仍以归隐深渊为妙，等待时机再发。姜太公垂钓于渭水、孔明深隐于茅庐等这些广为人知的历史典故，都是中国古代贤人效法天道的真实写照。

九五以"飞龙"设寓。进入九五至尊的时位，飞龙应翔击长空，充分展现自己。故"飞龙"应"在天"。如果此时，能见"大人"，那么必将是吉上加吉，好上加好，成就伟业当此时。

九六以"亢龙"设寓。有九五"飞龙在天"的强大基础，而且又有"大人"的重用，引寓人生已达巅峰，不论地位、事业等都发展至顶端了，值此时节，切不可利令智昏，利欲熏心，而是要重点思考各种禁忌，慎思慎行，卑恭曲蔚，认识天道物极必反的定律，否则必有悔恨。故"亢龙"则有悔。

用九"见群龙无首，吉"。用九《象》曰"天德不可为首也"，这是在说天的美德是不以首领自居的，指示天德是刚柔相济的，兼具阳刚阴柔之美。用九的"群龙"指乾卦的六个阳爻，其性质刚健，一往无前，当时空点处于"用九"时节，它们已到达了阴阳制化的终点，阳极而阴至，乾健的状态将终结，而坤藏的状态将到来，爻象将由六根阳爻向六根阴爻转变。此时，除了保持阳刚本性外，又兼得阴柔之美，故"无首"而吉。在今人看来，这条爻辞难以理解，现在人们常说的"群龙无首"指示一个组织失去了首领，就无法统一行动，是个贬义词。而在易经乾卦的爻辞里，这个"群龙无首"则指示为"吉"，是一个褒义词。这是因为，易经乾卦以"龙"设寓，而龙是中华民族的图腾，历来是君子的象征，代表着具有德才两全的高贵品质，是非常吉祥的。所以，乾卦用九的群龙指示万事万物（包括人类）都成长为像龙一样具有高贵品质的状态，而每一条龙都在各自应有的位置上（岗位上）履行自己的职责，主动为万物永不停息的运动做贡献，那么就无所谓要首龙了。如果这样，世界自然是一片祥和的景象。历史上尧、舜、禹等都是具高贵品德的领导者，他们身居高位，却谦虚谨慎，不为物先，具备这样品德高尚的领导者，即使自己处于首领地位，也从不以首领自居，这就展现出"群龙无首，吉"的祥和景象。反观我们的现实生活，有些小科长、小处长，自以为是，高傲自大，不居高位，却总想当首领，这样的人多了，这个组织就容易出现"群龙无首，凶"的景象。

老子在《道德经》里说："贵以贱为本""后其身而身先""江海所以能为百谷王者，以其善下之。""以其不争，故天下莫能与之争。"这些经典名句都与《周易》乾卦"用九"强调的"群龙无首，吉"有着直接或间接的关联性，其蕴含的哲理不得不说是深刻的，非常值得我们今人细细品味。

乾卦爻象以天和龙为象征，指出了阳刚之气的本质作用及其发展变化规律，揭示了事业发展的各个不同时期的行为准则，总结概括了人道思维中的人生奋斗六个阶段的形势特征和最佳策略。所以，乾卦爻象是健运之道的最直接的表现形式。

总而言之,健运之道绘就了一幅波澜壮阔的天道运行图,上观天象,总是日月往来,寒暑交替,周而复始,永不停息,旷日持久;下察地理,总是生死往来,老幼更替,生生不息。因此,《周易》强调,天是一切形成之本,万物生存之源,它总是以元始、亨通、利吉、正贞的品格展现在人类的面前。

注释:

①《程氏易传》是北宋程颐注解《周易》的哲学著作,又称《周易程氏传》《伊川易传》,共四卷,十五万字。1981年中华书局校订出版的《二程集》中收入该书。在此书中,程颐借解释《周易》卦辞爻象来阐明义理,并在《易传序》中提出"体用一源,显微无间"的理学命题,认为无形的理寓于有形的象中,理与象即是理与事的体用关系。易象反映天地万物之物象,易理则概括了天地之理。理不仅是天地万物的根本,又是社会等级、人生道德的由来。这里面还包括阴阳、动静变化的思想和关于理欲的观点,反映程颐从宇宙自然到社会人生的较系统的哲学思想,成为宋明理学的重要著作。

② 用九爻是乾卦附着的单个爻,只有爻辞,没有爻位。《象》曰:用九,天德不可为首也。指示天的美德是不以首领自居的,天德应该刚而能柔,兼具阳刚阴柔之美。在《周易》六十四卦中唯独乾、坤二卦,下面多出一条"用九""用六",这或许与古代的占筮有关。乾卦"用九"意味着六个阳爻全部变为阴爻,则乾变为坤,坤卦"用六"意味着六个阴爻全部变为阳爻,则坤变为乾,表现为乾坤可以互相转化的思想。

第十章　厚德之道

《周易·坤·彖》记载："至哉坤元，万物资生，乃顺承天。坤厚载物，德合无疆。含弘光大，品物咸亨。牝马地类，行地无疆。柔顺利贞。君子攸行，先迷失道，后顺得常。西南得朋，乃与类行。东北丧朋，乃终有庆。安贞之吉，应地无疆。"通常后人对这段文字的解释是：崇高啊，大地的开始，万物都依赖它而得以生长，因为它顺承了天道的变化。大地宽厚严实，所以能承载万物，它的美德是广大无疆的。它内涵丰富，辽阔无边，万物都能在其中顺利成长。母马就好像大地一样（与大地同类，都属阴性），它生性柔和、温驯，而且耐力强，又执着，善于在无边无际的大地上奔跑。所以，君子效法大地的品德，就有利于长久地行进在正确的道路上（像母马一样），可能先迷失路途，但最终一定能够顺利找到归宿。向西南方向行进可得到朋友帮助，向东北行进会丧失朋友，不过最后是吉祥的。大地是宽广无疆的，所以永远都是吉祥的。

可见，《周易》坤卦象辞所阐释的是广袤的大地不但具有宽厚广达的特点，可以生养万物，可以容纳万物，还像母马一样，具备柔和、温驯且又有耐力、执着的品质，可以任凭万物长生、驰骋、奔腾。坤为地，所以，这是《周易》对地道最直接的描述。我们不难想象，在广阔无边的大地上,万马奔腾,自由驰骋,那一定是一片生生不息的祥和景象。所以,中国古人从上述的场景中得出的卦象启示结论是"地势坤,君子以厚德载物"。这就是说,人们学习地道,就是要学习大地这种宽厚而广博的高尚品德,柔顺祥和而又容载育化万物的高贵品格。

笔者将地道这种宽厚而又能容载万物的品德称为"厚德之道"。"厚"就是宽厚、广博、广大无边的意思,"德"就是品质、品德的意思。大家知道,大地是人类生存和栖息的场所,大地不但承载着人类,而且还给人类生存提供无穷无尽的物质和养分,人类如果离开了大地的承载,那将不能成为人类。同时,大地在承载万物的过程中有着宽宏的雅量,从不具有选择性,而是来者不拒,不论你是好人还是坏人,只要你来到了人世间,大地都予以接纳,都予以承载,即便是你的生命已经灭亡,仍然还是回到大地之上。可见,大地这种宽厚宏大、承载万物的品质是任何其他事物都无法比拟的,这就是《易经》讲述的地道规律。

一

解开坤道的迷雾

《周易》作为中国最古老的书籍之一,后人对坤卦象传的解释也有许多不同的看法,经文之意与象文之意也有所不同。如"至哉坤元"之中的"至",南宋理学集大成者朱熹以"极"做解,而有些学者则做"至高、崇高"解释,如前文所述;又如"含弘光大"之中的"光",有直解"光明正大"之意,也有说"光"通假"广";又如"西南得朋,东北丧朋"之中的"朋",有直解"朋友"(在古代朋友分解，朋指的同学同窗之人，友指志同道合之人）如前文所述，而当代著名易学大师华南师范大学教授李镜池先生则说："朋，指朋贝。货币起先用贝，贝十枚一串为朋。"可见，李先生认为坤卦象传中的"朋"即指示钱财、财富；再如"柔顺利贞"之中的"利"指便捷，"贞"指贞正，象文里的意思为"执着"，主要讲牝马的性格，这与《周易》经文之中"利贞"又有差别，等等。面对这些差别，我们应该如何比较好地把握其中义涵呢？笔者认为，《周易》作为一部书籍，不论是经文，还是传文，要较准确地把握其实质，一定需要联系上下文、联系全书主旨来解读。坤卦作为《周易》第二卦，仅随乾卦之后，其中必有关联，所以我们理解坤卦，还应结合乾卦。这样，就能够较好地把握坤卦的实质和内涵。

坤卦《彖》开篇是"至哉坤元，万物资生，乃顺承天"，而乾卦《彖》是"大哉乾元，万物资始，乃统天"。乾代表天，乾元是指万事万物的开始，而坤元是指万事万物的生发，是地道，地道如何发挥其生发和承载万物的作用呢？就是要顺应天道，按照天道规律来生发万物、承载万物。所以，乾卦的"始"有开始的意思，而"至哉坤元"之中的"至"，可以理解为到达坤元，则万物开始生长。所以，笔者认为朱老夫子解"至，极也"比较符合上下文的文意，这里的"至哉坤元"应该是指示到达了坤元的意思，文首解释为"至高、崇高"，恐怕是从与乾《彖》对称的角度理解，但不太符合上下文意。因为"乾元"指示万物资始，而"坤元"指示万物资生，这里"始"与"生"分别承载着重要的不同职责。这就好比说，乾元是负责将一个女孩生下来，这就是生命的开始，但刚生下来的女孩是不可能生孩子的，需要一段时间的成长，长大为女人，才具备生孩子的条件；而坤元的"生"就是成熟女人生孩子的"生"。所以，乾元是开始，是第一个阶段，好比是童女、幼女；而坤元是第二个阶段，是成年女人，可以当母亲了。这就是说，乾卦不能直接产生万事万物，要到坤卦才可以资生万事万物，但乾卦起到了始元的作用，如果没有这个"始元"，就无所谓坤卦的"资生"了。所以，结合乾坤两卦的《象》传，可以明显地看出《易传》的作者认为乾卦是第一位的，坤卦是第二位的，先有乾而后才有坤，先有天而后才有地，这也符合《周易》的卦序排列。

需要强调，上述先有乾后有坤是《周易》的卦序，从《易经》的发展看，并不是唯一的生命认识观。在前面章节，我们讲到《易经》有三易，分别是《连山易》《归藏易》和《周易》。据史书记载，周代之前殷商时期的《易经》就是《归藏易》，《归藏易》的卦序就是坤卦在前，乾卦在后。这或许是因为殷商时期人们对大地的崇拜，或许是对母系的崇拜，而将代表大地、代表女性的坤卦置于第一位。另一方面，我们从老子的《道德经》也可以看出，在老子思想里也是女性高于男性，坤卦应置于乾卦前面。《道德经》讲"无，名天地之始；有，名万物之母"，这里的"无"就好像是前文所述是童女、幼女的阶段，是"始"的阶段；"有"就好像是成年女人的阶段，是"生"的阶段。在《道德经》里，"无"代表阴，是阴到极点，而"有"则代表阳。可见，在老子看来，阴性事物的"无"是第一位，而阳性事物的"有"是第二位，这就是说女人是第一位，男人是第二位，坤卦是第一位，乾卦是第二位。

究竟生命是先有乾后有坤，还是先有坤后有乾？这是一个永久争论的哲学话题，就好比说"是先有蛋还是先有鸡"一样，永远无法争论清楚。而《易经》的伟大之处就在于不对此进行争论，而将重点指向如何产生生命的核心问题上。大家知道，男人不能独自生孩子，女人也不能独自生孩子，要生孩子，需要男人和女人一起交合，这就是"阴阳交媾"。所以《易经·系辞下》（第五章）就说"天地氤氲，万物化醇，男女构精，万物化生"，这种阴阳交合、交感才是产生生命的核心要素，不论是先阳还是先阴，如果阴阳不交，则生命无法产生。所以，阴阳的交合、交感思想，才是中华文化的核心价值。从这个意义上讲，《易经》是将男人和女人并列第一，这是整个《易》的核心内涵。因为，男女并列（阴阳相和）就是一个"易"字，"日"为太阳，代表阳，"月"为太阴，代表阴，日月上下交合即为"易"，左右交合即为"明"，所以"知易为明"。如果我们的一生总是停留在不明中，那么我们的人生就会有很多困顿和迷惑；如果我们都明白了宇宙万事万物之理，那么我们的人生之路就会豁然开朗。

紧接着，坤卦《象》又说"坤厚载物，德合无疆，含弘光大，品物咸亨"，这里重点强调了大地是宽厚无量、承载万物的，其高尚的品质是无边无际的，而大地这种品质正涵养着光明正大的品德，能使天下万物亨通翔达。可见，坤卦通过柔顺、宽厚的特性和承载万物的品德，使天下万物互相通达。我们不妨也回顾一下乾卦的象辞，乾《象》曰："云行雨施，品物流形。大明终始，六位时成。"这里强调天道通过"云行雨施"的自然力量，规范了万事万物的秩序，使之达到"品物流形、六位时成"的境界；而地道则是通过"德合无疆"的高贵品格，承载着宇宙万事万物，引导它们按照天道规范的秩序生发、发展，发扬光大，以达到天下万物互相通达。所以，说到底，《易经》坤卦讲的核心仍是以阴柔之性顺承天道，以其柔顺和宽厚的品格承载万物、感化万物，以达到天下万事万物亨通祥和。

二

坤卦的卦象是厚德之道的直接体现

"坤卦"是怎么构成的呢？坤卦是纯阴之卦，六根爻全部是阴爻，所以它是柔顺的。坤卦卦辞为："元、亨，利牝马之贞。君子有攸往，先迷，后得主，利。西南得朋，东北丧朋。安贞吉。"相比乾卦卦辞的四个字高度概括，坤卦要复杂一些。但就"元、亨、利、贞"的乾卦"四德"而言，坤卦同样具备，只是坤卦在"贞"的前面加上了"牝马"这个定语，强调坤卦的柔顺宽厚之性只有利于阴属性物质和事物之贞（这里的"牝马"指示一切阴属性的物质和事物）。所以，就四德而言，坤卦的开元和通达，唯适宜阴性（如母马）的正贞与永固，这比乾卦的泛泛而谈更具体了，定义为柔顺之性的品德。但不是说柔顺之坤德就没有刚健的一面，而是强调以柔克刚。《周易·坤·文言》记载："至柔而动也刚，至静而德方，后得主而有常，含万物而化光。坤道其顺乎，承天而时行。"这就是说，地道虽为柔顺，但它一旦运动起来则是刚健的，它虽为娴静但品德是方正的，地道只有顺应天道的规律而后行动，才能成为常恒之道，从而包容承载并育化万物，使其发扬光大。地道以其柔顺的特性，顺承天道而按四时规律运行。可见，《文言》进一步对坤德进行了阐释，强调的坤道虽柔，但能以柔克刚；坤德虽静，但德行刚正；坤德虽后得主，但能常而化光；坤德至顺之性，可以承载天道运动而按四时行事。

《周易》对坤卦四德做出"利牝马之贞"限定的同时，也对人们如何实践坤卦四德进行了明确的阐释，卦辞紧接着说："君子有攸往，先迷，后得主，利。"这就是说，人们实践坤卦四德要持之以恒，或许起初有迷惑,但坚持下去,则能找到正确的归宿,而且是非常有利的。通观乾坤两卦,就不难理解为什么会"先迷后得主"。这里的"先迷"有两层含义:其一如果先于主行动则迷;其二如果不顺应顺从于主则迷。这里的"主"就是指示天道,指乾天之道。所以,坤卦强调人们在实践其四德的过程中,首先应按照天道规律行事,而不能贸然激进;其次实践坤德要持之以恒,这样最终是非常有利的。

再接着卦辞又说"西南得朋,东北丧朋。安贞吉"。这句经文有些难以理解。理解西南、东北的方位,需要一定的易学基础知识。其实这里的"西南、东北"方位源于洛书九宫的后天八卦图,依据后天八卦的方位,西南为坤卦为母,而西南两侧的南方为离卦中女,西方为兑卦少女,都属阴。所以往西南方向行进都属同一属性,故可得朋友帮助,也指可增加财富;而东北艮卦为少男,其两侧的东方为震卦长男,北方为坎卦中男,都属阳。所以往东北方向行进,就会失去同属于阴的朋友帮助,但是大家知道,阴阳和合才能生生不息,安居乐业,故而紧接着说"安贞吉",这就说往东北方去可能会散失一些朋友或者财富,但如果懂得阴阳和合之道,善于安家落户,则为大吉。

综上可知,《周易》坤卦蕴含的厚德之道,着重强调了三个层次内涵:坤道具备宽厚广博的特性,能容载万物、育化万物,此其一也;坤道以其柔顺,犹如母马的品性,顺承天道而运行,此其二也;人们效法坤道要持之以恒,这样才能锤炼自己"厚德载物"的高贵品格,此其三也。

三

坤卦爻象是厚德之道的表现形式

《周易》坤卦以大地设寓，以母马设象，通过六爻卦画的变动，对实践坤德"柔顺承物"品格的具体行动进行了规范。

坤卦初六"履霜，坚冰至"。意指踏步行走在薄霜上，预示着坚硬的冰层要到来了，这是描写一种循序渐进的现象。《周易·坤·文言》记载："易曰'履霜，坚冰至'，盖言顺也。"这就是说，大地上的万事万物发展是一个渐进的过程，是顺应天道时令的过程，薄霜的气象到了，预示着坚冰的时令也快到了。

六二"直方大，不习无不利"。意指行进在平直方正而广阔的大地上，即使不熟悉地形，也不会有危险和不利的情况。这是描写大地的特性，平直、方正、广大。设喻坤德的品质是正直、刚正不阿，而且弘通广大的，如果人们具备这样的端正品行，即使身处陌生的环境，也没有任何不利。

六三"含章可贞，或从王事，无成有终"。意指涵养坤道厚德载物的优秀品质，并且持之以恒地坚持下去，那么随时可以以其柔顺的品格顺从大王的旨意做事，即使没有达到自己设定的成功目标，但结局终归是吉祥的。设喻人们学习坤德，一定要顺应大王的旨意，而且始终坚持自己涵养的坤德，持之以恒行事，则最终一定能取得好的结果。

六四"括囊，无咎无誉"。意指包扎好袋子，既不必怪罪别人，也不需要获得赞誉。设喻人们按照坤德的思想行事，进行至六四阶段，一定要慎之又慎，谨慎以自守，这个阶段经过了内卦三个阶段的持续遵循，已经到达了一定的高位，离最高的"六五"尊位已经很近了，而这时往往不利的因素也在积聚增加，所以要做到守口如瓶，扎紧自己的袋子，忍隐别人的怪罪，不求获得赞誉，等待时机而进入六五尊位。

六五"黄裳，元吉"。意指穿着黄色的裙裳，非常吉利。设喻人们按照坤德行事，已至尊位，但一定要继续保持柔顺之德，顺势而为，方可"元吉"。这里的"黄裳"指示黄色的下身穿的裙子（古人都穿裙子），黄色是大地之色，即为土之色，在五行学说中土居于中央，故古人也将黄色指示为中和、中正之意；而裳指示下身衣物，在古代上身穿的为衣，下身穿的为裳，所以这里的"裳"还有处下、处卑位的意思，黄裳联起来，就是指以中正、中和的品德，处于下位、辅助之位，则可始终吉祥。可见，在六五尊位上，坤卦的厚德之道仍是强调其和顺、顺承之德。

上六"龙战于野，其血玄黄"。意指龙在郊野相斗，滴下黑黄色的血液。警示人们物极必反，不可强行上位。这里，坤卦用"龙"设寓，指示到了外卦的终位，"牝马"往往不能坚守初心，保持柔顺之德，一旦发展出"龙"的个性，则必相战。玄黄指天玄地黄，这就是说，牝马如果不守持柔顺和合的正道，而与龙争位，那么将产生天地混杂，最终是流血的惨烈结果，两败俱伤。其实，坤卦上六"龙战于野，其血玄黄"与乾卦上九"亢龙有悔"表达了类似的寓意。做任何事情都应遵守中道，不可过度，否则必是物极必反，那么争斗将不可避免。

用六"利永贞"。这也是《易经》作者为坤卦专设的爻题，指示坤之大德，只要持之以恒地实践下去，则有利于永远贞吉，这是设寓如何运用"阴"的属性。大家知道，阳象征变化，阴象征静止；阳象征向上，向外，而阴象征向下，向内。所以，坤卦用六指示人生在效法天道，以刚健之势向外求的同时，一定要效法地道，以其柔顺之性向内求。外求达到"达己达人"，最终到达"群龙无首"的情境；而内求贵在持之以恒，最终达到"利永贞"的境界。

总而言之，厚德之道从象上看，它描绘了一幅幅员辽阔、盛载万物、柔顺合时、永不争功的大地生生不息运行图。世界万千生物都从大地上获得资源和养分，以推动其种群的不断繁衍生息。然而，大地却无论万千生物如何向其索取，总是一如既往地承载一切，滋养着万物，默默无闻，甘于守正而居下。这就是大地的宽厚之德，非常值得人们去尊重和效法。

第十一章　交感之道

《周易·系辞下》（第五章）记载："天地氤氲，万物化醇，男女构精，万物化生。"这是讲宇宙万事万物的生成过程。氤氲就是指烟气、烟云弥漫的样子，气和光混合动荡的样子。唐代著名诗人张九龄在《湖口望庐山瀑布泉》中写道"灵山多秀色，空水共氤氲"。宋代朱熹在注《易》过程中，称"氤氲"为交密之状，也就是指交合交感的意思。而《周易》强调天为阳，地为阴，"天地氤氲"就是阴阳交感，从而促"万物化醇"，这里的"化醇"解释为变化而精醇，唐代孔颖达注疏《易传》时，将其解释为"万物感之，变化而精醇也"。所以"天地氤氲，万物化醇"就是强调阴阳之气交感而使宇宙万物都发生变化，并如同美酒一样发出醇厚的香味。构精，是指交构的方式，也称交媾，男女构精就是指雌雄交构。《后汉书·周举传》载："二仪交构，乃生万物。"二仪即阴阳，所以这里的男女构精，也是指阴阳的交构而万物化生。可见，《系辞》的这四句高度而凝练概括语言，实质是说万事万物是阴阳交合的结果，阴阳交合是宇宙之源，万物之本。如果阴阳没有交合，那么最终就是"孤阴不长，独阳不生"，那就没有新事物的产生，世界就将不存在。后人对此四句话也有分解的说法，认为"天地氤氲，万物化醇"指天地交感而化生的万物,"男女构精,万物化生"指雌雄交欢而生产宇宙万物的生命。这里的"生"做"生命"解释。其实,不论是四句综解还是四句分说,从易经的本质上看,都是在说阴阳交感的。故而,笔者将易经中蕴含的这种"交感论"称为"交感之道"。

一

交感之道的本质是阴阳制化

"交感"二字恐怕最早见于宋代周敦颐的《太极图说》,书云:"无极之真,二五之精,妙合而凝,乾道成男,坤道成女,二气交感,化生万物,万物生生,而变化无穷焉。"可见,周敦颐在《太极图说》中仍然是对《系辞》"天地氤氲,万物化醇,男女构精,万物化生"的进一步阐释,并明确了宇宙万物和生命就是由阴阳二气交感而成。所以,易经的交感之道,就是讲阴阳的交感。虽然《周易》没有对什么叫"交感"做定义,但在全书六十四卦中多处都在论述"交感"的过程和结果,如泰卦、否卦,咸卦、恒卦,既济卦、未济卦等,都是讲交感与不交感的占问结果,蕴含着丰富的人生哲理。

易经通过卦象的变化,揭示阴阳交感的过程。《周易·泰·象》曰:"天地交,泰。"可见,泰卦就是典型的阴阳交感,泰卦被称为"地天泰",即上卦为地(坤卦),下卦为天(乾卦),这与宇宙世界的实际位置正好相反了,乾坤颠倒了。乾坤颠倒了怎么交呢?易经认为,阴阳是通过气化的形式在不断运动变化的,太极生阴阳两仪的过程,就是混沌的太极化生为阴气与阳气,轻清者为阳,上升为天,浊重者为阴,不沉为地。而泰卦的卦象,正好天地方位悖相,居下方的天，涵养着轻清的阳气要上升；居上方的地，涵养着浊重的阴气要下沉，故而此二气在运动过程中相互交感。这种天地之气的交感结果就是"泰"，就是通泰、通达吉祥的表现。

《周易·说卦》记载："天地定位，山泽通气，雷风相薄，水火不相射。"这就是说，在八卦中形成天地、山泽、雷风、水火四组"对立组合"，而这四组"对立组合"之间都存在不同阴阳的制化关系，当这"四组对立"组合发生相互转化、异位的情况，就说明阴阳交感产生了；反之，如果两个对立事物在卦中的位置与自然界中的实际位置一致，那么就不交感。这就是易经阐释交感之道的基本观念。

通观《周易》六十四卦，具备这种交感或不交感的场景至少有八个卦象，这正是先天八卦的空间对称方位排布关系，如图1所示。天地是上下关系，在八卦方位中天指示南，地指示北，乾为天，坤为地，所以"地天泰"卦与"天地否"卦就是描绘天地之间的交

图1

感变化情况。山泽是通气关系，在八卦方位中山指示西北方，泽指示东南方，艮为山，兑为泽，所以六十四卦中的"泽山咸"卦与"山泽损"卦就是描绘山泽之间的交感变化情况。雷风是相薄关系，在八卦方位中雷指示东北方，风指示西南方，震为雷，巽为风，所以六十四卦中"雷风恒"卦与"风雷益"卦就是描绘雷风之间的交感变化情况。水火为不相融关系，在八卦方位中水指示西方，火指示东方，坎为水，离为火，所以六十四卦中的"水火既济"卦与"火水未济"卦就是描绘水火之间的交感变化情况。可见，易经的交感之道是以阴阳的属性为基础，通过主要卦象的对立分布，以反映阴阳是否交感和如何交感的。

二

阴阳如何交感呢？

中国古人认为，阴阳交感是通过"气"的运动来实现的，气（或精气）是宇宙万物的共同构成本原，由于气的自身运动，产生了属性相反的阴阳二气，阳主动，阴主静；阳化气，阴成形。《黄帝内经·素问·阴阳应象大论》说"积阳为天，积阴为地"，所以，阳气布散而为天，阴气凝聚而为地，天以"象"的形式呈现，地以"形"的形式呈现，这就是《周易·系辞》里讲的"在天成象，在地成形"。庄子在《田子方》中说："至阴肃肃，至阳赫赫，肃肃出乎天，赫赫发乎地。两者交通成和，而物生焉。"荀子在《礼论》中说："天地合而万物生，阴阳接而变化起。"淮南子在《天文训》中说："阴阳合和而万物生。"这些古代先贤都是在说阴阳交感而生产万物，天地阴阳二气氤氲交感，相摩相荡，达到了"和"的状态，则化生宇宙万物并推动着它们的发展，调节着它们的变化。中国古人认为，人作为宇宙万物之灵，人类的产生，也是阴阳二气交感作用的结果。《黄帝内经·素问·宝命全形论》记载："天覆地载，万物悉备，莫贵于人。人以天地之气生，四时之法成……人生于地，悬命于天，天地合气，命之曰人。"古人正是通过类比思维，将人身看作一个小天地，人体内的阴阳二气也在相摩相错中不停地升降出入、运动变化，从而协调、推动着机体的新陈代谢，维持人体生命过程的正常进行。如果人体之气的升降出入运动失调，则人体进入疾病状态；若升降出入运动停止，则标志着生命过程的终止。这也是中医理论的基石。所以，阴阳是通过"运气"而产生交感，由交感而化育万物的。

易经的交感之道重点强调两方面，其一是交，通过"交"，则可以通，所以交感之道的第一层涵义就是通、通达、通泰；其二是感，通过"感"则可以化，所以交感之道的第二层涵义是感化、育化。

易经认为，阴阳气"交"，可以促使天地万物相互融通，促进其形成相同的志向。《周易·泰·彖》记载："泰，小往大来，吉，亨。则是天地交而万物通也，上下交而其志同也。"这就是说，泰卦象征了亨通太平的景象，阴柔之气离去（小往），阳刚之气到来（大来），故吉祥顺利，这表明了天地的阴阳交合促进了万物的通达；君子与百姓的交流沟通顺畅促进了上下各层级志同道合。隋朝著名哲学家何妥[①]在《周易讲疏》中说："夫泰之为道，本以通生万物。若天气上腾，地气下降，各自闭塞，不能相交，则万物无由得生。明万物生由天地交也。"可见，不交则不通，阴阳相交是通的前提，如果天地之气不交，天气上升，地气下降，各不相交，万物不能化生通达。所以，泰卦是易经交感之道中如何"交"的最好诠释。

反观易经的否卦，就是"大往小来，不利君子贞"，这就是阴阳二气不交的结果。《周易·否·彖》记载:"否之匪人,不利君子贞,大往小来。则是天地不交而万物不通也,上下不交而天下无邦也。"这就是说,否卦象征了闭塞黑暗的社会局势,不利于君子坚守正道。在这种场景下,刚健的正气外泄了,而阴暗的浊气却兴起,天地阴阳互不交合,万物的生养互不畅通,君子与百姓上下互不沟通,天下离异,社会动荡,不可能成邦。可见,作为与泰卦相对应的否卦,已经从泰卦描述天地自然场景、诠释阴阳交感转向了直接对人文社会治理的论述,进一步强调了"交"对国家、对社会治理的重要性。

阴阳气"感",可以促使天地万物化生,促进天下太平。《周易》中阐释阴阳气"感"最典型的卦莫过于"咸"卦了,"咸"即"感"。咸卦的卦象是兑在上、艮在下。兑为泽,象征湖泊、湖水,其性润下,是往下流的,具有处下的特质;艮为山,象征高山耸起,展示一幅壮美的高山流水图。这就构成了"山泽通气"的阴阳交感之态,湖水要往下流,高山要往上长,一上一下,阴阳交感呼应。《周易·咸·彖》记载:"咸,感也。柔上而刚下,二气感应以相与。止而说(悦),男下女,是以亨利贞,取女吉也。"这就是说,咸卦是象征着灵感、感应的。当阴气居上位而阳气居下位时,阴阳二气就能够交相感应。这种阴阳感应就像少男少女的心灵互慕、两情相悦一样,少男以礼谦居下向少女求爱,所以亨通顺利,利于守持正道,这样心灵互慕基础上产生的情感婚姻一定能获得吉祥。紧接着咸卦《彖》又说:"天地感而万物化生,圣人感人心而天下和平。观其所感,而天地万物之情可见矣。"这里,咸卦《彖》传再一次阐释了天地阴阳的交相感应而推动天下万物变化生长的自然规律,进一步引喻为圣人用其高尚的道德感化百姓,而使天下太平昌盛;同时强调只要人们善于观察阴阳感应的自然法则,就可发现天地万物之间的情感互动了。

可见，交感之道的"感"是育化万物的根本动因，阴阳不互感，则万物不可化育，引喻到人伦情感、社会治理、人际交往之中，这个"感"都是必备的基本条件。

反观"咸"卦的对卦"损"卦，则是山居上水居下，山往上长，水往下流，山泽不通气，阴阳不交感。《周易·损·象》记载："山下有泽，损。君子以惩忿窒欲。"这就是说，山下有河流湖泊，是减损的征象，君子应该惩戒自己对减损的愤恨，抑制自己对增益的欲望。损卦主要讲"损下益上"的君王之道，君子需要守持正道，在国家治理过程中出现困难而实施"损下益上"时，不可过度损伤国基，应量力、适度，少损而益最佳。所以，损卦的卦义是为国家政权角逐和用兵之道服务的，是强调君主的实策过程需要守持中正之道，否则过于损下，则不可益上，而只能祸上。这似乎与咸卦讲"交感"没什么关系。其实不然，损卦的卦义虽然没直接涉及阴阳的不交不感，但从其卦象可知"山泽不通气"，在这种情况下，是无法促进天下万物化育、生长、通达，是无法做到君民同心，天下太平的。这正好与咸卦的阴阳交感形成相悖。

综上可知，交感之道的"交"重点在交通、通达、畅通上，"感"的重点在感化、感应上，二者结合，相得益彰。通过阴阳交感的作用，可以化生宇宙万物，通达天下和平，感化人心，使民心变善。《周易·系辞上》（第十章）记载："易无思也，无为也，寂然不动，感而遂通天下之故，非天下之至神，其孰能与于此。"这句话意思是：易经作为书籍，既不会思考，也无所作为，静悄悄地一动不动，但是只要人们通过感悟其中的易道，就可以通晓天下万事万物的事理。如果它不是天下最神奇的东西，又怎么能够做到这样呢？这是《易传》作者对《易经》的赞美之词，但同时也突出强调了"交感"的重要性。南宋朱熹对《系辞》的这段文字有过详细的注解,注曰:"无思无为,言其无心也。寂然者,感之体;感通者,寂之用。人心之妙,其动静亦如此。"可见,在朱老夫子看来,"感通"是"此有所感而通于彼"的过程,体现为"体用"贯通,将易经的交感之道又提至哲学构建的高度。

注释:

① 何妥(生卒年不详),字栖凤,西城人。隋代著名音乐家、哲学家。父何细胡是西域人,在梁朝经商致富,遂家居郫县(今四川成都平原中部)。何妥小时候就机敏聪慧,八岁入国子学。开皇十二年(592)以国子博士受命考定钟律,终以国子祭酒卒于官。何妥一生著述众多,其中以《周易讲疏》《庄子义疏》《封禅书》《乐要》等最为著名。

第十二章　和合之道

《周易·乾·彖》记载:"乾道变化,各正性命,保合太和,乃利贞。首出庶物,万国咸宁。"这句话的大意是:天道按照自己的运行规律不断运动变化,从而使万物在大自然中找到适合生存发展的时间和方位,天道调整着世间万物的运动变化,使之保持全面和谐关系,达到普利万物,中正循环,万国安宁的境界。这里的"保合太和"所描述的是一个充满无限生机和一片和气的和谐安宁的世界。这是和合思想在《易经》里的直接体现。《周易·乾·文言》记载:"夫'大人'者,与天地合其德,与日月合其明,与四时合其序,与鬼神合其吉凶。先天而天弗违,后天而奉天时,天且弗违,而况于人乎!况于鬼神乎!"汉代经学家郑玄在注疏《易经》过程中,对这段话有比较明确的解释,疏曰:"《易纬·乾凿度》曰:'圣明德备,曰大人也。'大人与天地覆载之德合,与日月照临之功合,与春秋赏功罚过之性合,与鬼神福善害恶之情合。先天开物,不违天意,天合大人。后天成务,不悖天时,大人合天。大人与天地合一,何况是人和鬼神呢?"这是《周易》强调了人与自然的和合。

其实,"和合"思想在博大精深的中华传统文化中,可谓独树一帜,历久弥新。中华民族历来倡导"保和太和""和为贵""和而不同""天人合一""天下大同"等，这些都是"和合"思想的具体体现。"和合"不但对中华民族，乃至全人类都具无可估量的重要思想价值和实用价值。人类社会发展进步的趋势就是"和合"，当今社会信息时代科技迅猛发展的必然趋势和客观要求也是"和合"。习近平总书记指出："要深入挖掘和阐发中华优秀传统文化讲仁爱、重民本、守诚信、崇正义、尚和合、求大同的时代价值，使中华优秀传统文化成为涵养社会主义核心价值观的重要源泉"。可见，在大力倡导文化自信的新时代，中华民族的每一位成员都有义务继承和发扬易经的和合之道。

一

何为"和合"呢？

"和合"的"和"，有和谐、和平、祥和的意思；"合"有结合、融合、合作、交合的意思。易经认为，和合是天下万物存在的基础，是天下万物规律的体现。通观《周易》全书，并没有直接对什么是和合的论述，经文部分涉及"和"的只有两处，一处在兑卦的初九爻"和，兑吉"；另一处在中孚卦的九二爻"鸣鹤在阴，其子和之，我有好爵，吾与尔靡之"。这两处提到的"和"都有"和谐、和善"之意。而"合"在经文部分没有出现。传文里"和""合"就出现多次了，但均为分说，未出现"和合"同说的情况。虽然，《周易》没有直接对"和合"的内涵做解释，但并不代表《周易》不讲"和合"。其实，《易经》全书都贯穿着"和合"的思想和"和合"的思维。这就如同《易经》没有对"阴阳"的概念进行直接描述一样，但全书都在讲阴阳的制化、生化和育化关系。《易经》通过阐述一阴一阳的相互交感，相摩相荡，相互配合，以达到协调一致，阴阳互补，保和太和的万物生发秩序，这就是"和合"的思想基础。

"和合"二字联用最早见于《国语·郑语》[①]，书云："商契能和合五教，以保于百姓者也。"这里的"五教"是指父义、母慈、兄友、弟恭、子孝，所以《郑语》这句话的大意就是说，商契能把五教加以和合，使百姓安身立命。这是"和合"最早的成词。当然，和合作为中国传统文化的核心价值观的重要组成部分，它源于《易经》，并经历代贤达演义发展，才构筑起具有哲学高度的思想体系。

老子从宇宙万物的本质上，对易经"和合"思想进行了诠释，《道德经》第四十二章记载"万物负阴而抱阳，冲气以为和"。老子认为道是蕴涵着阴阳两个方面的，万物通过阴阳的相互作用而构成"和"，这个"和"就是宇宙万物的本质，是天地万物生存的基础。

孔子则将易经的"和合"思想提升到儒家人文精神核心的高度。《论语·学而》记载："礼之用，和为贵。"这是儒家思想人文精神的核心。孔子认为治理国家、为人处世等人类的一切活动所应遵循的礼仪规范的最高价值标准就是"和"。但孔子并不否认事物之间存在着不同，所以他还说："君子和而不同，小人同而不和。"（语出《论语·子路》）在孔子看来，事物存在差异是事实存在的，但可以通过人文的力量将不同的事物和合，通过取长补短，互济互补，达到和谐和平。

法家代表人物管仲则将易经的"和合"思想提升为"治国安民"重要法则的高度。《管子·幼官》记载："畜之以道，则民和。养之以德，则民合。和合故能习，习故能偕，偕习以悉，莫之能伤也。"这段话的大意是说：养兵以道则人民和睦，养兵以德则人民团结。和睦团结就能使力量聚合，聚合就能协调。普遍地协调相聚和合，那就谁也不能伤害了。可见，法家又将"和合"思想提升到一个新高度。

一言以蔽之，在先秦时期，易经的"和合"思想已得到了诸子百家的重视，并从不同的角度对"和合"思想进行发扬光大，使之逐渐成为中华文化中重要价值观念。为了便于全面阐释《易经》蕴含的深刻"和合"思想、"和合"思维，笔者笼统地将之称为"和合之道"。

易经和合之道集中体现在太极图中。太极图虽不是《易经》原本所具备的图案，但"太极"一词最早见于《周易·系辞上》（第十一章），太极图是依据易经所述的原理而绘制的，这一点是无可争辩的事实。太极图到底从哪里来？历来众说纷纭，本书不去讨论其来源。我们以当今常见的太极图为例，看看太极图的构成，就能领悟其中蕴含着易经的和合之道。

太极图的外形是一个圆圈，圈内有两条首尾相互呈拥抱姿态的阴阳鱼，黑色为阴，白色为阳。两条鱼各占一半的空间，鱼的头部各有一个黑白相反的鱼眼，两条鱼的中间呈一个倒S形曲线。从这个图形不难看出，它就是一个典型的和合图形。两条阴阳鱼代表着宇宙万事万物的阴阳二气的运动状态，阴鱼与阳鱼运动的方向始终是相反的，表示宇宙万事万物存在矛盾的对立面，但两鱼此消彼长，总是互补、和谐的，构成了一幅完美无缺的圆形图。两鱼通过鱼眼的点缀，表达了阴中有阳，阳中有阴，孤阴不生，独阳不长的宇宙生成大道。

看似简单的太极图，却高度概括了宇宙间的一切事物和现象。明代易学大师来知德[②]所著《梁山来知德圆图》记载："天地间形上形下，道器攸分，非道自道，器自器也。器即道之显诸有，道即器之泯於无,虽欲二之,不可得也。是图也,将以沦为无耶?两仪、四象、八卦,与夫万象森罗者,已具在矣。抑以为滞於有耶?凡仪象、卦画,与夫群分类聚,森然不可纪者,曾何形迹之可拘乎!"这是调强,宇宙间一切无形的道和有形的物,都包容在太极图之中。说它是"无",它却包含着有阴阳两种属性和阴阳运动变化的宇宙大道;说它"有",它却没有包含任何有形的物质实体。所以,太极图就是一个有形与无形、抽象与具体相统一、相协调、相和谐的"和合体"。

通过对太极图的分析,我们不难看出,和合之道贯穿《易经》全书,是《易经》中蕴含着的一条重要的易道。前面章节已述,《易经》是由符号系统和文字系统组成的特殊典籍,后学者根据《易经》的特性,创制了太极图,用以反映《易经》的要旨。这不得不说,太极图的创制是中国古圣先贤继《易经》成书之后又一项绝妙发明,为后人习易、研易提供了一种全新的思维构建模式。所以,笔者认为,要习易、研易,应先看懂太极图,普通的太极图如图1所示。

图1 普通的太极图

易经的和合之道蕴含在卦爻排序中。《易经》作为书籍，具有独特的结构体系，它不同于世界上的任何一部哲学典籍。一般的哲学典籍都是以说理、论理、明理、证理为写作思路；但《易经》却是以象、数为依据，寓理于象数之中，来阐释天下的大道。《易经》是由"象、数、理、占"四大方面构成的，暂且抛开"占"的方面不说，就象、数、理而言，整部《易经》"理"的部分，是紧紧围绕着"象、数"而展开的。而《易经》的象、数又通过卦爻符号予以呈现。所以，学习《易经》，必须先懂得卦爻符号（卦画）的内涵、结构及其与其他卦、爻的关系，而这其中就蕴含着易经的和合之道。

一个单卦由三条爻符构成，指示为"天、地、人"三才，上为天，中为人，下为地。易经卦画的这种排布，不是随意的，而是严格遵循着和合之道，强调天、地、人三才的和谐统一。三才"各正性命"，按照自己的自然位次，处在相应的位置上。在每一个位置上，或阳居之，或阴居之，不同性质的爻符处于三才不同的位置，就构成的"乾、坤、震、巽、坎、离、艮、兑"的八卦初级系统，在这个初级系统中，乾坤确定了阴阳的互体关系，震巽确立了阴阳的同根关系，坎离确立了阴阳的对立关系，艮兑确立了阴阳的育化关系，这四对组合相摩相荡，构筑了人类认识宇宙的初级模型，就形成了如图2所示的外圆内方式的先天八卦图。在这个先天八卦图中，外圆代表着宇宙系统，而内方则代表着万事万物各就各位、生生不息的生长繁衍，构成了一幅和谐共生的天地宇宙图。这就是易经蕴含的和合之道的生动写照。

《周易·系辞下》（第十二章）记载："有天道焉，有人道焉，有地道焉，兼三才而两之，故六。六者，非它也，三才之道也。"这是强调《周易》六十四卦中每卦的卦符都是六画，这六画并非其他

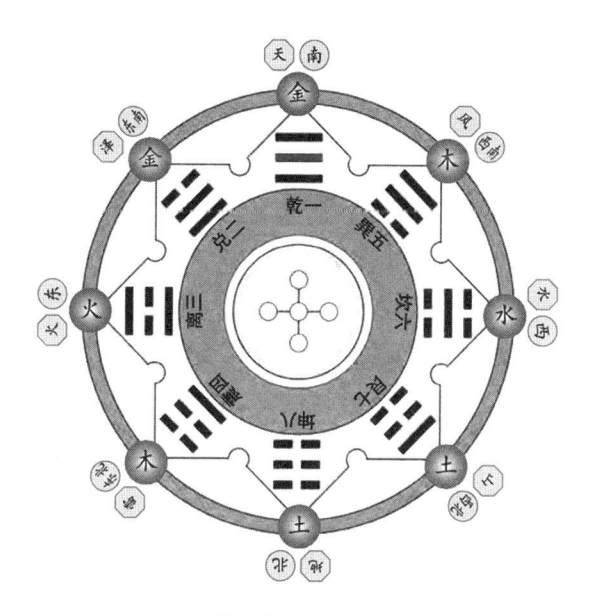

图2　外圆内方式先天八卦图

东西，仍然是三才之道。这就是说，一个复卦由六条爻符构成，也指示三才，也是上为天，中为人，下为地，只是"兼三才而两之"，居下的一、二爻为地，居中的三、四爻为人，居上的五、六爻为天。可见，相比单卦的八卦系统，六十四卦的复卦系统将三才进一步具体化。《周易·说卦》载："立天之道曰阴与阳，立地之道曰柔与刚，立人之道曰仁与义。"这就是说，在复卦系统中，天地人三才各有具体所指，天有阴阳，地有柔刚，人有仁义。阴阳有互体性、同根性、对立性、育化性，柔刚、仁义同样也具备这样的属性。所以，一个复卦中存在着对立的、相待的、相持的、异质的、矛盾的等各式各样的复杂关系，但各爻之间又和平共处，构成一个完整、和合的六

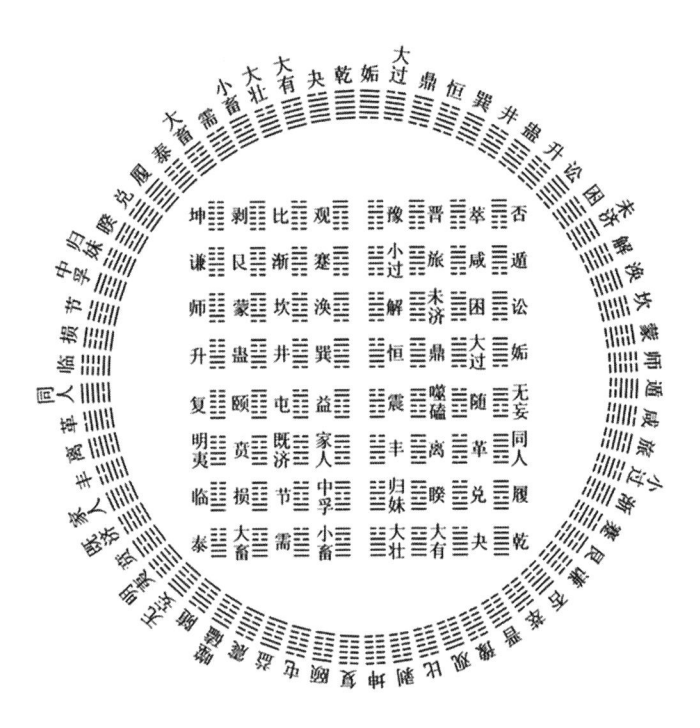

图3 六十四卦图

爻卦，进而构建八八六十四卦的宇宙大系统，形成了如图3所示的六十四卦图。和八卦圆图一样，六十四卦图也是一个外圆内方的和合模型，只是内方更复杂罢了。

由此可见，不论是单卦的八卦系统，还是复卦的六十四卦系统，爻象之间总是充满复杂的阴阳制化关系，但就系统而言又是那么的调、均衡、和谐，充分体现了"和而不同，求同存异，和谐共生"的道德品质，这就是易经和合之道的内涵。

二

如何致和合？

和合之道是人类理想的人事、人际处理法则和人类追求的理想社会状态。如何致和合呢？其实《易经》也为我们提供了多种途径。通观《周易》全书六十四卦，有许多卦象在描述自然界的和合共生、物质的既济平衡景象，亦有许多卦象在阐释人世间为人处世过程中的"和为贵""求同存异""和而不同"的品质。下文将从阴阳交感、物质既济和求同存异三个维度，以卦象为例，阐释易经是如何揭示万事万物的致和合过程。

如易经的泰卦与否卦就是讲阴阳交感的情状，泰卦《象》说"天地交，泰"，《彖》说："天地交而万物通也，上下交而其志同也。"这是在阐释宇宙间阴阳交感而至和合的通泰、和平景象。反观否卦，正好相反，"天地不交，否"（《周易·否·象》），否《彖》进一步说"天地不交而万物不通也，上下不交而天下无邦也"。这是在说明天地不交感，宇宙万物无法生生通达，君臣与黎民百姓不交感，就不可能有太平的国邦。但是，不是所有的阴阳交感都能达到和合，不交感或过度的交感都是不可能至和合的。这好比说蝗虫灾害，由于蝗虫繁殖能力非常强，在短短的时间内繁殖千万亿只，这么庞大的群体一下子将有限的资源全部消耗光，从而使生态失去和谐，这就是蝗虫种群阴阳交感过度，导致不和合，而破坏了生态系统。又如人类过度扑杀了某种野生动物，以致其灭绝，导致故有和谐的生物链条破坏，失去了生态系统的和谐，这是人为的破坏某个种群，而致该种群失去了阴阳交感的自然条件，这就是阴阳不交感的体现，从而也破坏了生态和合。由此可见，交感是和合的前提条件，没有交感，就谈不上和合；但是交感一定是有度的、渐进的过程，才能致和合。

这种有度的、渐进的交感过程，在易经的卦象中也给出了清晰的阐释。易经屯卦《彖》就说"刚柔始交而难生，动乎险中，大亨贞"，这就是在讲天地始交之时，万物处于淤塞未通的混沌状态，是很艰难的生产过程，是"动乎险中"的，最终是"大亨贞"。屯卦的卦象是水雷之象，上卦为坎，象水，往下流；下卦为震，象雷，往上震动，这预示着很快就要下雨了。在雨未降落之前，乌云密布、电闪雷鸣，一片恐惧景象；一旦大雨降落，则烟消云散，万物除尘，一片清新祥和的景象，以至大亨。这就是易经描述阴阳交感而至和合的最好诠释。由此可见，在《易》的作者看来，天地阴阳交感而化生宇宙万物，当阴阳交感以至和合的情状，则天下万物就能"各正性命"，井然有序地和谐共生。

又如易经既济卦就是讲不同属性物质之间达到既济，则可至和合的情状。我们来分析一下既济卦，水火既济，上卦为坎，下卦为火，水曰"润下"，往下流；火曰"炎上"，往上长，水与火是两种不相容的物质，但在这一上一下中产生交合，这就是"既济和合"。《周易·既济·象》记载："水在火上，既济，君子以思患而豫防之。"这就是说，水火两不相容的物质，可以达到既济，一定是吉祥的，但这种既济不可能长久，最终既济平衡要被破坏，那么君子就应该居安思危，防患于未然。既济卦《彖》进一步说明"既济是初吉而终乱"，因为"其道穷也"。可见，既济至和合是不可永固的。既济卦描绘的是一幅烹饪的场景，火在下面烧，水在上面煮，可以做出美味佳肴。美味佳肴一定是火候适当，水乳交融，即水火既济的状态。如果火候不足或火候过旺，都不可能煮出美味佳肴。同时，烹饪佳肴是一个阶段性过程，有一定的时间限制，一锅菜花上一两小时就可成佳肴，而不是越久越好，所以既济和合是不可持续的。

然而，易经的睽卦则描述了一个由不和合到和合的事物发展过程。睽卦的卦象是上离下兑，离为火，火炎向上；兑为泽，泽润向下。这与既济卦正好相反，火往上长，水往下流，二者不交，是一种离散状态，是不合的，"睽"就是离散的意思。但是观此卦六爻的变化，则不难看出，从初爻到上爻，是一个渐进的由不合至合的过程。这就说事物因动而相睽，然而睽久必合，就是人们通常所说的"分久必合"的道理。事物由睽到合，就如同阴阳和合畅通而万物由生一样；如果睽而不合，天地万物便要停止发展而息灭。可见，既济而至和合之后，再至未济，才是宇宙万事万物发展的必须趋势，所以《周易》将未济卦置于六十四卦之末。

易经认为，宇宙万事万物都有其共同点，同时又保持其独特性，但在整个宇宙世界之间可以相融相通，和平共处。这就是求同存异而至和合。"同"至和合，很好理解，也容易做到，能够志同道合，那么一定可以达到和合。而"异"至和合，则不那么容易理解，也不那么容易做到。易经中的同人卦、家人卦、比卦等都涉及和合之道，都是设寓"求同存异"而至和合的。同人卦说"同人与野，亨，利涉大川"，这就是讲志同道合的人能够和平共处，并有利于共同行进，涉过大河大江，这是"同"而至和合的阐发。同人卦又说："同人，君子以类族辨物。"这就强调了作为具有广德的君子，要像审察异物那样，在"异"中辨别出同道的人，进而达到同人同行，这是"异"而至和合的阐发。

家人卦说："父父、子子、兄兄、弟弟、夫夫、妇妇，而家道正。正家，而天下定矣。"这就是说一家人和和睦睦，各个人履行自己的职责，父亲有做父亲的样子，母亲有做母亲的样子，子女、兄弟都各自就位，那么就是家之正道，而家正，那么天下就太平。这就是典型的求家庭这个大范畴的"同"，并保持家庭各成员之间的"异"。

比卦《象》说"先王以建万国，亲诸侯"。从卦象上看是讲述诸侯和顺天子，天子仁爱诸侯，而天下百姓祥和安宁，天下太平。推而广之，比卦是引喻社会人际关系之中的亲戚、朋友、同事、上下级之间应把持宽容、和善、协调、和合的原则，才能构建国泰民安的和谐社会。

可见，不论是同人卦、家人卦，还是比卦，推而广之，都是在讲社会人际交往过程中，如何处理好与家人、与同志、与朋友、与上下级、与集体、与国家、与社会之间的关系，其目的只有一个，那就是达到上下和合、内外和合、君民和合，以此促进天下太平安详。

总之，不论是易图、卦象，还是具体卦例，《周易》全书都闪烁着和合之道的思想光芒和思维灵性。和合之道强调了阴阳的互补、和谐、平衡是宇宙间万事万物生生不息、和平共处、和谐共生的基础。人类效法自然就是要在宇宙间的事物与事物、人与事物、人与人、人与社会、人与国家、国家与国家等各方面关系上追求和合，将和合之道作为人类社会发展应遵循的基本原则和基本规律，从而以促进事物的和谐发展，推动社会的不断进步。

注释：

① 《国语》是中国最早的一部国别体著作。记录了周朝王室和鲁国、齐国、晋国、郑国、楚国、吴国、越国等诸侯国的历史。上起周穆王十二年（前990）西征犬戎（约前947年），下至智伯被灭（前453年）。包括各国贵族间朝聘、宴飨、讽谏、辩说、应对之词以及部分历史事件与传说。《国语·郑语》记录的是郑国的历史。

② 来知德（1525—1604），明代理学家，易学家，著名诗人。字矣鲜，别号瞿塘，

明夔州府梁山县(今重庆市梁平区)人。嘉靖三十一年(1552)举人,屡上公车不第,便"杜门谢客,穷研经史",隐居求志,著述为乐。其晚年,朝廷特授翰林院待诏,不赴,敕建"聘君仁里"石坊。著有《周易集注》《来瞿唐先生日录》《梁山来知德圆图》等著作,分别收入《四库全书》和《续修四库全书》。穆宗隆庆四年(1570)起,主要精力用于研究《周易》。神宗万历二十七年(1599),完成《易经集注》一书。万历三十年(1602),被特授翰林院侍读。死后建来子祠,皇帝御赐"崛起真儒"匾额,以褒其贤。后世尊其为"一代大儒""崛起真儒",建来公祠以祀。其学术思想和文学创作,别开生面,卓然成家,《易》学成就更是独树一帜,时称"绝学","孔子以来未曾有",对后世影响至深,研究者遍及海内外。

第十三章　中正之道

《周易·乾·文言》记载："大哉乾乎！刚健中正，纯粹精也。"这是易经对乾卦四德的综合评价，强调了上天是伟大的，而这种伟大表现为它的刚健中正达到了纯粹精妙的境地。朱熹在《周易本义·文言传》中将这句话解释为："刚以体言；健兼用言；中者，其行无过不及；正者，其立不偏。四者，乾之德也。"这里的"刚"为阳刚，指乾之体；"健"为行健，指乾体之用；"中"为持中、守中，"正"是指正贞、持正，刚健中正就是指乾之大德。《周易·履·彖》记载："刚中正，履帝位而不疚，光明也。"这是说履卦的九五爻以刚健中正之德居帝王之位，而不负疚后悔，所以盛德光明正大。《周易·夬·九五》记载："苋陆夬夬中行，无咎。"这里的"中行"也指示九五爻居于上卦中位，行中道，所以就没有灾祸。《周易·鼎·象》记载："木上有火，鼎；君子以正位凝命。"这里的"正位凝命"就是摆正位置，凝聚力量，以完成自身使命。

可见，在《周易》中不论是经文，还是传文，到处都在讲述"中正"。粗略统计，《周易》六十四卦中涉及"中"或"正"或"中正"的至少有四十五卦之多，这足可以见"中正"的思想观点在易经之中的重要性。笔者认为，"中正"思想已被置于《周易》的最高位置，是《周易》的核心思想之一。

何为"中正"呢?"中"就是中央、中心、中间的意思,指事物运动处于中心、中间的时空位置。从空间纬度看,就是空间的中心、中央;从时间纬度看,就是事物处于某一时间段的中间点。"正"就是正常、正直、正确、刚正的意思,指示事物的运动处正常、正确的状态;"中"则指示事物或事件处在得当、适度、适中的位置上,不偏不倚。"中正"合说就是指示事物或事件符合自然规律(天道、地道)和道德规范(人道)。为全面诠释易经中蕴含的"中正"智慧,笔者将之称为"中正之道"。

一

象数符号中蕴含中正之道

《周易·贲卦·彖》记载:"观乎天文以察时变,观乎人文以化成天下。"所以,《周易》是以观天地之道来立人道的。天地之道主要讲宇宙变化规律,通过仰观天文,俯察地理,以发现宇宙四时节气的变化规律,从而为人类生产生活服务,通过立人道、树人文,以"化成天下"。《周易》所述的"立人道,曰仁与义",这就是人文观念的初始。如何做到仁与义呢?易经认为,树立"仁与义"人文观念的最高标准就是守持"中正",人类只要在宇宙万事万物的不断变化中坚守"中正"的理念,不偏不倚,持之以恒,那么就能够"化成天下"。当代著名哲学家劳思光[1]先生曾强调,中华民族讲"中"的观念与易经的"变化"观念是相配对的,虽然宇宙万事万物都处在不断运动变化的状态之中,但无论如何变变不息,每一状态皆有"中"的存在,这种"中"的模式就含有"变中不变"的意思,在《周易》里此"中"被视为得正，故为"吉"。可见，在劳生先看来，易经的中正之道具有"变易、简易、不易"中的"不易"因素，故而必然是人们学习易经需要领悟的最重要的智慧之一。

《周易》作为一本由符号系统与文字系统共同构成的特殊典籍，在其符号系统和文字系统中都体现了中正之道。概括而言，至少包含两层内涵：其一是从时空经纬上通过象数符号体现"中正"的思想，换言之就是在六十四卦爻符体系中，通过爻符所处的位置及爻符的属性表达"中正"的思想；其二是从爻符指示的义理上，引喻人们在社会中的地位，以及所应遵循的行为准则和道德规范，表达出"中正"的思想。

为清晰阐明象数符号中蕴含的中正之道，我们不妨复习一下卦的象数构成，在一个由六爻构成的复卦中，由内外两个单卦（经卦）组成，居下三爻构成的单卦称为内卦（或下卦）；居上三爻构成的单卦称为外卦（或上卦），从复卦的爻符顺序看，第二爻处于内卦的中间位置，第五爻处于外卦的中间位置。所以，将一个复卦中的第二、五位置称为中位，其爻称为中爻。中爻中位的说法首见于易传的《象》传，《象》传在解释易经的经文时，以爻象在全卦象中所处的位置来说明卦爻辞的意义，从而提出了"当位、应位、中位"等爻位说，在易传的《象》传、《系辞》传中也都有所体现。这是"中正之道"的"中"在全卦象数中的体现，中位包含着时间和空间两层意义，在爻辞的文义中有的是强调时间上处于中间阶段，有的是强调空间上居于中央、中心，有的是同时强调时间和空间两个纬度都居于中，而且大多数都表示为"吉"的结果。

由于爻符是分阴阳的，这就使居中的爻象存在两种状态，即阴爻居中和阳爻居中。将居中的阴阳爻与复卦象数的数理阴阳进行比较，就出现了居中是否"正"的问题。从复卦的数理阴阳关系看，处于二爻位的为阴数，处于五爻位的为阳数。如果阴爻处于二爻位，而阳爻处于五爻位，那么二爻的阴与阴相和，五爻的阳与阳相和，表明该爻象既得位，也得正，称为"正中"。如果阴爻处于五爻位，那么阴与阳相对，表明该爻象得位，但不得正，称为"柔中"；反之，如果阳爻处于二爻位，那么阳与阴相对，也表明该爻象得位，但不得正，称为"刚中"。可见，从象数上看，具备"中正"之德的就有"正中、刚中、柔中"三种情况。正中指示阴爻处于二爻中位或阳爻处于五爻中位，这种状态，既得位又得正，表明事物处于无过、无不及、无偏无邪的最佳状态，一般都是大吉之象。刚中指示阳爻处于二爻中位的状态；柔中指示阴爻处于五爻中位的状态，这两种状态虽时位的属性不同，有阴有阳，但事物都运动至中位，所以一般也是吉祥的。如巽卦、比卦的卦象就是典型的易经中正之道的体现。巽卦内外卦都是由单卦的巽组成，卦象特征是二、五中位之爻都是阳爻，故二爻得"刚中"，五爻得"正中"，所以巽卦的九二《象》曰："纷若之吉，得中也。"（纷若指用崇敬谦恭的态度行事）九五《象》曰："九五之吉，位正中也。"而《彖》传则总括了巽卦的卦意，指出："刚巽乎中正而志行。"又如比卦为"水地比"，外卦（上）为坎卦，内卦（下）为坤卦，居于上卦中位的五爻为阳爻，得位又得正，即正中；居于下卦中位的二爻为阴爻，也得位又得正，也是正中之象。所以，比卦的六二爻辞就说"比之自内，贞吉"，这里虽然没有直接用"中正"的词汇表达，但很显然，易经中的"贞吉"本身就有"中正""坚守正道"之意。比卦的九五《象》曰："显比之吉，位正中也。"这里则直接强调了显比之吉是位处正中。而《彖》传在总括比卦的卦意时则说："原筮，元永贞，无咎，以刚中也。"重点强调了"刚中"。

从上述两个卦例看,易经中正之道的"中"要重于"正",也就是说如果一爻居中位,但不当位,一般都是吉利的,如上述巽卦的二爻,得中但不当位,其结果仍是"得刚中而吉";如果阴阳爻既当位又得中,那么就是中正之位,这更是易经所极力推崇的最高之道。在《易传》对经文的阐释中,我们时常可以看到"中正"一词。如乾卦九五爻以阳爻处于中位即中正之位,阳爻示刚健之德,故其《文言》曰:"大哉乾乎!刚健中正,纯粹精也。"又如同人卦的二五两爻柔刚得位得中,故其《彖》曰:"柔得位得中,而应乎乾……文明以健,中正而应,君子正也。"再如需卦的九五爻以阳爻居外卦的中位,得中且正,是九五至尊的天子之位,所以其《彖》曰:"位乎天位,以正中也。"

以上就是《周易》象数符号中的"中正之道"表达。其实,通观《周易》全书,这种尚"中"的思想,比比皆是,不胜枚举。

二

易经义理体系中的中正之道表达

《周易·系辞下》(第九章)记载,"其初难知,其上易知……二多誉,四多惧……三多凶,五多功"。这是对六十四卦每个爻象指示吉凶情况的综合判断,强调居于中位的二、五爻是"多誉、多功"的,这就是说具有高贵卦德的吉祥之象多体现在二、五爻之中。而二、五爻正好是"中正"的体现,所以从义理上看,"中正"就是卦德的具体体现。

可见,从卦德表达的内涵看,《周易》全书都是在阐释"德",有天德、坤德、君德、圣德、大德,还有龙德、牝马之德、大人之德,等等。而中正之道就蕴含在卦德之中，是卦德的一种具体表现形式。如乾卦《文言》说的"大哉乾乎！刚健中正，纯粹精也"就是天德、龙德的正中体现；如坤卦《文言》说的"君子黄中通理，正位居体，美在其中"就是坤德、牝马之德的中正体现；又如乾卦《文言》说的"知进退存亡，而不失其正者，其唯圣人乎"就是圣人之德的中正体现；又如需卦《象》传说的"位乎天位，以中正也"就是天德的中正体现；再如讼卦《象》传说的"利见大人，尚中正也"就是天人之德的中正体现；等等，卦德中蕴含的中正之道在《周易》中也是不胜枚举。

三

中正之道的核心是适时与当位

中正之道作为易经卦德的重要表现形式，是易经人道思想的重要内容，它涵盖了时间、空间两大范畴，在时间上强调"适时"的理念，在空间上强调"当位"的理念，这都是人类修养道德和为人处世的重要规范和准则。

何为"适时"？适时就是适当的、恰适的时间，包括时间点或时间阶段。易经认为，万事万物总是在不断地运动变化之中，而它们的运动变化总是在特定的"时间"内进行的，在这个特定的"时间"周期内一定存在万事万物最佳呈现状态的时间阶段或时间节点，这就好比说一棵蔬菜总是有生长最好、最佳的时间阶段或者时间点，这个最佳的时间阶段或时间点就是中正之道在时间范畴上的体现，笔者暂且称它为"时中"。人类作为宇宙万物的一员，同样是生活在特定的"时间"里，同样具备呈现最佳状态的"时中"。然而，人类是万物的灵长，人类有思维、有思想、有理性，能够认识宇宙世界，所以人类又有别于其他万物，可以凭借自己的理性思考，秉持"适时"的理念，在千变万化的宇宙间，顺应时令的变化规律，把握时间的变化节奏，从中找到"时中"，进而适时而行，既契合于每一时段的"中时"，又能携时而不断向前推进，使自己在适应宇宙变化的过程中持守中正之道。《周易·艮·彖》记载："时止则止，时行则行，动静不失其时，其道光明。"这就是强调人类的行动要向艮卦一样，当止的时候止，当行的时候行，动静都不失时机，那么前途必然光明正大，艮卦就是易经中正之道蕴含"适时"理念的最好写照。《周易·乾·文言》记载："夫大人者，与天地合其德，与日月合其明，与四时合其序，与鬼神合其吉凶；先天而天弗违，后天而奉天时。"可见，作为理想人格代表的"大人"就是要具备把握天道常恒之理，因时而动，时刻持守中正之道，彰显出其光明伟岸之中正人格的高贵品质，是人们效法的典范。其实，这里突出强调了"时"的重要性，要"与四时合序"，要"奉天时"，就需要"适时"地找到"时中"之点，与时偕行。

另一方面，我们从易经的卦构中，也不难发现中正之道"适时"的思维。从时间范畴上看，《周易》六十四卦体系中的每一卦都处于生生不息的变化之中，但是这六十四卦又形象地呈现了宇宙间的六十四种时间状态，而每一卦中的六个爻，则是该卦时间动态意义的六个相连续的时间单位。所以每一卦都代表一个具体的情景，比如屯卦就代表大业初创之际，在这个时候，君子应该固守中正，度过屯难之期，建功立业；咸卦就是描述一对少男少女打情骂俏，男欢女爱，直至结婚的过程；等等。所以，《周易·乾·彖》就说："大明终始，六位时成。"《周易·说卦》又说："易六位而成章。"可见《周易》六十四卦的每一卦都有其时,都有其具体的情景过程,而每一爻处于具体的卦中,其材质刚柔不同,所居的时位不同,其呈现出的"吉、凶"状态也就不同,所以在六十四卦中,有的卦象为吉,但爻象未必吉;而有的卦象为凶,但爻象未必凶。总之,从六十四卦体系看,顺时适时则吉,逆时则凶。由此可见,"适时"是守持中正之道的前提条件。

何为"当位"?当位就是指处在适当的位置,是从空间的角度阐释如何守持中正之道。这是中正之道对人的所处地位的规范,当然也是对人的道德要求。《周易·系辞上》(第一章)记载"方以类聚,物以群分",人是群居的物动,从空间的纬度看,人总是生活在一定的空间范围内,小的活动空间有家庭、有单位、有团体,大的活动空间有城市、有国家、有社会,等等。中正之道的"当位"理念强调了人在任何一个活动空间内,都应找准自己的位置,履行自己的职责,这是守持"中正"在空间范畴上的基本要求。《周易·同人·象》记载:"父父、子子、兄兄、弟弟、夫夫、妇妇,而家道正。正家,而天下定矣。"这就是说一家人和和睦睦,家庭成员中的每个人都能找准自己的位置,父亲有做父亲的样子,母亲有做母亲的样子,子女、兄弟都各就其位,这样家庭就能充满活力和正气,而家正,那么天下就太平。这是《周易》从家庭这个最小的空间上阐释中正之道"当位"的重要性。其实,在一个单位、一个公司,或是更大的组织里,每一个人是否"当位"对组织的影响何不都是如此呢?在一个组织中,领导不"当位",飞扬跋扈,独断专行,最终将葬送这个集体;下属不"当位",缺位、越位,必然导致组织不团结,影响组织的健康发展;下属不"当位",则上司的决策无法执行,组织的效率就没有。可见,中正之道的"当位"对于集体的稳定、团结和进步是何等重要。

易经还从另一个层面，对中正之道的"当位"进行了阐释。《周易·乾·文言》记载："龙德而正中者也。庸言之信，庸行之谨，闲邪存其诚，善世而不伐，德博而化。"这是《易传》作者对乾卦二爻的卦德评价，乾卦二爻的"见龙"是具有秉持中正品格的君子代表，从他的日常言语就能洞见他的信用，日常的行为就能表达他的严谨，他的内心能摒弃邪恶的意念而涵养诚实的品德，行善于世而不夸耀，所以德行博大而能感化人心。乾卦二爻为阳爻，其位中但不正，这就是说具备仁德的君子虽然不在九五的君位上，但只要能够坚守中正之道，言行不偏不倚、不过不及，不断地提高自己的道德修养，就能够教化百姓。再如大有卦的六五爻为阴爻，其位也是中而不正，但大有卦《彖》传却说："大有，柔得尊位，大中，而上下应之，曰大有。"这是对大有卦卦德的评价，虽是"柔得尊位"，但能守大中大正之道，就能得到上下的呼应，而达亨通。大有卦除了六五爻为阴，其他五爻全部为阳，阴爻居于尊位，只要能坚守大中之德，那么上下的阳爻都将与之相呼应，故"大有，元亨"。上述两卦都是从国家治理的角度，强调中正之道的重要性。从卦义上分析，作为治理国家的君、臣，中正之道的"当位"是建立在"德"的基础上，也就是说只要君、臣能够在德行上始终秉持中正之道，即使不"当位"，也能感化天平，而使天下太平。可见，中正之德比中正之位更重要。有德者得天下，这是中国古代最根本的政治观念。在人类社会之中，无论一个人当位还是不当位，都应该遵守中正之德。

注释：

① 劳思光（1927—2012），出生于陕西西安，本名荣玮，字仲琼，号韦斋，祖籍湖南长沙，当代汉语学术界最具影响力的哲学家之一。劳思光先生学贯中西，著作极丰，无论文、史、哲学，乃至金石考证等方面，皆有论述，其中尤以1980年出版的《新编中国哲学史》最为著名，其出版以后被港台大专院校广泛采用为指定教材。其主要著作包括《中国哲学史》（三卷四册)《康德知识论要义》《历史之惩罚》《中国文化要义》《中国之路向》《思光少作集》(七卷)《解咒与立法》《中国文化路向问题的新检讨》《思辨录》《思光诗选》等三十余种。

第十四章 损益之道

《周易·损·彖》记载:"损,损下益上,其道上行。损而有孚,元吉,无咎,可贞,利有攸往。曷之用? 二簋可用享。二簋应有时,损刚益柔有时。损益盈虚,与时偕行。"这段文字的大意是说:损卦减损下边的泽泥,增益上边的山林,运行之道是向上的。损减自己而得到大家信服,出发点就是吉利的,没有过错,而且可以坚持下去,有利于勇往直前。拿什么来祭祀呢? 有二簋的贡品就可以了。因为使用二簋贡品是顺应减损阳刚、增益阴柔的时节而为的。而减损增益、盈满亏虚,都是伴随着时序运行的。可见,损卦的最大特点是"损下益上"和"与时偕行"。强调"损"是为"益"服务的,而且方向是下损而上益,同时也指出这种损益盈虚不是随意的,而是与时偕行,是和顺宇宙时令变化的。

《周易·益·彖》记载:"益,损上益下,民说无疆,自上下下,其道大光。利有攸往,中正有庆。利涉大川,木道乃行。益动而巽,日进无疆。天施地生,其益无方。凡益之道,与时偕行。"这段文字的大意是说:益卦减损君王(上位者)的利益以增加百姓(下位者)的利益,这样百姓就会无比欢乐。这种自上而下地深入民间,体察民意,增益百姓利益的政策,有利于君王仁德的发扬光大。(卦辞中说）有利于事业向长远发展是因为君主守持了中正之道，百姓和顺于君王，支持君王的政策（由于阳爻居于九五，当位守正，指示君王；阴爻居于六二，也当位守正，指示百姓顺于君王）。（卦辞上说）有利于渡过大河是因为有木楫之舟浮水而行，平安顺利。像巽卦那样谦逊而又敢于行动的增益，其功效能日益凸显且无止境，这就像上天泽润万物、大地生长万物一样，其施恩布惠是无边无际的。凡是增益的大道，都是顺应天道规律、和顺时令变化的。可见，益卦的最大特点是"持守中正""损上益下""与时偕行"。与损卦一样，强调了"损"是为"益"服务的，在"持守中正"条件下的"损"将带来更大的"益"，这是君子之道的写照。同时，强调这种"损上益下"是与时偕行、和顺宇宙时令变化的。

从卦辞内容看，损卦和益卦都是以"祭品的多少"设象，描述中国古代祭祀祖先或神灵的情景。如损卦卦辞"曷之用？二簋可用享"、六五爻"或益之十朋之龟，弗克违，元吉"和益卦六二爻"或益之十朋之龟，弗克违，永贞吉。王用享于帝，吉"等都是对古代祭祀场景的直接描述。从卦的表征看，是在说祭品的减少和增加的问题，实际上是设喻国家社会财富的分配问题，蕴含着一系列深刻的哲理。

何为"损益"呢？如果你百度一下"损益"，跳出一大堆有关财务会计方面的内容，百度百科将"损益"定义为"财务成果，企业的利润或亏损"。大家或许会问，这个财务成果与易经有什么关系呢？如果大家在百度时，再加上两个字"易经"，那么结果就完全不同了，会跳出一大堆关于易经的损益之道的内容。简而言之，就是"有损有益，有得有失"，损就是损失，或叫减损；益就是收益，或叫增益。用现代语言说，就是"加减法"，有增有减。但是，在得失之间如何取舍？如何把握？什么时候该做加法，什么时候该做减法？怎样做加法？又怎样做减法？这可就是大学问了，为了便于后文的叙述，笔者将之统称为"损益之道"。

通观《周易》全书，损益之道至少包含以下四层内涵：损益是平衡的，一方减损了，必有另一方增益；损益是适时的，只有与时偕行的损益，才是有效且能恒久；损益是自然的，是天地阴阳的变化规律；损益是修德之门，打开了人类进入道德修养的秘门。

一

为什么说损益是平衡的

《周易》将"损下益上"称为"损"，"损上益下"称为"益"。这分明是站在上位者（统治者）的角度来阐发损益关系，旨在揭示统治者的政治治理法则和社会财富分配问题。损卦的主旨是损下益上，益卦的主旨是损上益下。"损下益上"表面上看，是上位者得益，实则是上位者受损，因为居下的百姓才是国家的根本，损根必危上。所以，损下益上是上位者的"损道"；相反，益卦主张损上益下，表面上看是居下的百姓得利，实际上百姓富裕祥和了，国家才能长治久安，上位者的统治地位才能巩固。所以，损上益下是上位者的"益道"。损、益二卦中都提到的"益之十朋之龟，弗（非）克违"这就是强调作为上位者，必须遵循损益之道，对己要损之又损，对民要益之又益。老子《道德经》第四十八章说："为学日益，为道日损，损之又损，以至于无为，无为而无不为。取天下常以无事，及其有事，不足以取天下。"这是对易经损益之道在治国理政上的发挥。

"损益"是一对平衡体，此损彼益，此益彼损，从两卦的卦象看,损卦的六五爻相当于益卦的六二爻,前者的受益者是处在上位的六五爻,五爻为至尊之位,但此卦是阴爻居于尊位,中而不正,要保持尊位的稳固性,须交感居于下卦的九二阳爻,收纳阳气,即损下而益上。后者的受益者是处在下卦的六二爻,六二爻中正柔顺,虚心自持,又得到处于尊位的九五阳爻之阳气感应,即损上而益下。可见,这一损一益,都是阴阳的变化,最终达到平衡,即处于上位者的君主巩固了统治地位,处于下位者的百姓得到了实惠。从而达到了"天地交而万物通,上下交而其志同"的理想境界。台湾著名学者、素有"中国式管理之父"美誉的曾仕强[①]教授在诠释损、益两卦时说,"从这边看是损,从那边看是益。其实损就是益,益就是损,损中有益,益中有损,二者是分不开的"。可见,损益之道不是将"损"与"益"割裂开来,而是将二者有机结合起来,构成一对阴阳平衡体。

二

为什么说损益是适时的

通观损、益二卦,其卦德充分体现了"变通趋时""与时偕行"的"适时"观念。损卦《象》载:"损刚益柔有时,损益盈虚,与时偕行。"这就是说减损刚健的能量而增益柔顺的能量,必须选择恰当的时机,不论是减损还是增益,都要像月亮那样,或盈或虚,与时间共同前进。而益卦《象》则更为直接地点出"凡益之道,与时偕行"。这表明益卦所讲的任何增益事项,都是要与时偕行,顺应时令变化,符合时节规律。由此可见,"适时"是实践损益之道的重要前提。

实施损道,最直接的方式就是通过增加百姓的税负,减少百姓的收入，以补足国家支出的不足，是取之于民的过程。但取之于民一定要适合时宜，顺应形势，时行则行，时止则止。也就是说只有在国家有危难或遇到困难的时候，才可以实施损道；一旦国家度过危难期，就应终止损道。因为居于下者的百姓才是政权稳固之本，一旦过度损下，必然导致民本的根基不固，那么就危及政权的稳定，这就是强调在实施损道过程中要坚守诚信，守持中正，取信于民，顺时而行，适时而止。所以，损卦卦辞说"有孚"，才能够做到"无吉，无咎，可贞，利有攸往"。

实施益道，是实施仁政，厚施天下，普惠百姓，用之于民的过程。从国家的角度看，眼前可能利益受损，因为需要更大的民生福祉开支，就会减损国家的利益，但从长远看，则有利国家长期健康稳定的发展，有利于国家的长治久安。这种厚施天下的过程，也一定要抓住时机，顺应时令变化，例如春季时节是农时关键时刻，需要春耕生产，是投入最大而没有收益的时节，这时候最需要的是农肥、稻种的补益。而国家就应该抓住这个时机，给予农民农资方面的补济；到了秋季时节，是收获的季节，如果在这时候予以农民农肥、稻种的补济，那就不适时令，实施这样不适时令的仁政将起不到固民安邦的作用。这就是益卦所说的"凡益之道，与时偕行"。

三

为什么说损益是自然的

损益之道蕴含宇宙阴阳消长变化的过程，损中有益，益中有损，总是此消彼长，在不断地运动变化着的，而这种阴阳消长变化正是宇宙的自然。

1973年长沙马王堆汉墓出土的帛书《易传》②，对损、益两卦有专门的阐述，并明确提出了损益之道是"不可不察"的重要命题。帛书《易传》其的《要》篇记载："益之为卦也，春以授夏之时也，万物之所出也，长日之所至也，产之室也，故曰忧（原为"益"，据廖名春③校改）。损之为卦也（原为"授者"，据廖名春校补），秋以授冬之时也，万物之所老衰也，长夕之所至也。故曰产。道穷焉而产，道长焉而忧（据廖名春校补）。益之始也吉，其终也凶。损之始也凶，其终也吉。损益之道，足以观天地之变而君者之事已。是以察于损益之变者，不可动以忧喜。"由此可见，《要》的作者认为，益卦的卦义是指宇宙间阳气渐增的过程，损卦的卦义是指阳气渐衰而阴气渐长的过程。秋冬时节，万物老衰，所以叫"道穷"，但"长夕"一到（冬至来临），阳气又开始萌生，所以叫"产"，即生。春夏时节，万物生长，所以叫"道长"，但是"长日"一到（夏至到来），阳气开始消退，阴气逐渐增长，所以叫"忧"，忧即消。万物生长，一片欣欣向荣的景象，这是益道之始，所以是吉祥的；但是万物生长到茂盛后，夏至来临，阳消阴长，阴气折物，所以说"其终也凶"。万物老衰，一片萧条的景象，就是损道之始，所以是凶的，但万物衰老之后，冬至到来之时，阳气复生，滋养万物，所以说"其终也吉"。因此，懂得了损益之道，足可以观天地之道和人事之道，人们不要因为损卦之始是凶的而忧伤，也不要因为益卦之始是吉的而欣喜，人世间的吉凶变化就像四时节气一样，是不断推移转换的。所以帛书《易传》里说孔子读易，至损益两卦时，发出了"不可不审察，吉凶之门也"的感叹。

将损益之道阐释为四时节气的推移规律，进而抽象为阴阳二气的变化，再向人伦领域扩展，成为人们识天道明事理的法则，不仅只见于帛书《易传》,在易文化传承过程中,许多先贤硕儒都有阐发。明末清初著名思想家王夫之④在《周易外传》中就有类似观点。王夫之说:"损、益,天地之大用,非密审于立本趣时之道者,不足以与于斯。"可见,王夫之认为,损益两卦是天地之大用,不懂顺时之变(立本趣时)的人,是难以明白损益之道在天地之中的地位与作用的。他在解释损卦《象》中的"损益盈虚,与时偕行"时,强调:"盖尝观于四时之行矣:春夏为阳,秋冬为阴,而非必有截然分界之期而不相为通。阴、晴、寒、暑,于至盛之中早有互动之机,密运推移,以损此之有余,益彼之不足。"又说:"乃既损既益,而时因以变迁,则损益行,而时因与偕行也。一元之开阖,一岁之启闭,乃至一日之旦暮,一刻之推移,皆有损益存乎其间,而人特未之觉耳。"在这里,以损益论阴阳和四时,与帛书《易传》的《要》阐释是相一致的,只是对阴阳之气的运行描述更具体了,指出时节的推移是一个贯通的、连续的过程,阴、晴、寒、暑的变化是损此益彼、损彼益此的渐变的过程,与时间的流转是相伴相行的。

可见,将损益之道界定为易经"变易"中的阴阳渐变过程,体现了损益之道的自然之理。用于指导人事活动,就要求人们按照损益之道的阴阳变化原则,顺应天地四时之变,审人事,明变通,做到与时俱进,行动合于自然规律。

四

为什么说损益是修德之门

船山先生曾说:"《损》以治隋,《益》出进道,知所损益,可与人德矣。"这就是说用损卦之道可以修治人的性情,用益卦之道可以增进人类对天道的理解和领悟,知道应该怎样"损"、怎样"益",便可以进入修养道德之门了。船山先生接着在《周易外传》里说:"用损者,静以止,悦以安,其事不迫,迫则灭情且以灭性矣。用益者如风之烈,如雷之迅,其事不疑,疑则废事即以废道矣。此圣学、异端之大致,不可不辨也。"在这里,船山先生对怎样"损"和怎样"益"进行了深刻的论述。他指出:善于运用损道的人,能够理性而冷静地抑制自己的情绪,心情欣悦而安详,处世从容不迫。因为他们很清楚,急迫行事将会伤灭自己理性合理的情欲,进而伤灭人的本性。善于运用益道的人,行动起来如烈风迅雷,处世果断而毫不迟疑,因为他们明白稍有迟疑便会贻误大事,进而违背天道。这正是圣贤之学与异端邪说的主要区别,不可不加以分辨。

其实,我们从卦象的构成不难看出,损卦自泰卦而来,而益卦由否卦而来。泰卦下卦为乾,三个阳爻,上卦为坤,三个阴爻,将下卦的第三个阳爻与上卦的第三个阴爻互换,就构成了损卦。从卦象上看,是用下乾一阳爻之损失(第三爻由阳转化为阴),去增益上坤一阴爻(第六爻由阴转化为阳),这就叫着"损下益上"。反之,否卦的下卦为坤,三个阴爻,上卦为乾,三个阳爻,现在损掉上乾的第一个阳爻(第四爻由阳转化为阴),来补益下坤的第一个阴爻(第一爻由阴转化为阳),就构成了益卦,这就叫"损上益下"。结合船山先生的观点,我们可以看出,一旦人处于的情欲太过之时,就须运用损道,以保持天道的圆满畅通、顺畅;一旦天道遭到损害而不能畅通时,就须运用益道,以战胜阻挠天道畅通的势力。所以,损卦《象》说"惩忿窒欲",益卦《象》说:"见善则迁,有过则改。"这其中都蕴含着深刻的人生哲理。

其实,损益之道作为修德之门,在《周易》全书中多卦都有体现，并非只有损益两卦，尤其是作为塑造为政者品质的命题，在《周易》的多个卦中都有体现。如谦卦《象》记载："地中有山，谦。君子以裒多益寡，称物平施。"这是在说，君子观察谦卦，是高大的山体藏于大地之中的景象，从中则悟知凡事不可盈满，应当权衡其多寡，取多以益寡，均平施予。这里的"裒"就是"取"的意思，"施"就是给予的意思。谦卦的卦象体现为内卦是高山，为艮，外卦是大地，为坤，大地之中有高山，指示内高而外卑。这就引喻为作"谦者"，要能做到才高而不自诩，德高而不自矜，功高而不自居，名高而不自誉，位高而不自傲。这与益卦的"损上益下"表达的是同一个意思。又如剥卦《象》说："山附于地，剥。上以厚下安宅。"这是说剥卦的卦象是山附于地（上卦是山为艮，下卦是地为坤），山好比居于上位的管理者，地则好比下属及被管理者，居于上位的管理者是依附于其下而存在的，作为上位者应敦厚对待下位者，才能保证事业运行的安泰。引喻宇宙世界上的一切事物，只有下层基础深厚，上层才能安泰，不会剥落。这与益卦的"以上下下，其道大光"如出一辙。

同时，损益之道作为修德之门，还体现在对人类性命发展规律的揭示。当代著名哲学家鞠曦[⑤]先生突破了传统的释《易》方式，从"时空统一论"与"形而中论"的独特视角，阐释了易卦的"形而中"原理，揭示了儒家思想中具有的"性与天道"之学的核心内涵。在鞠曦先生眼里，整部《周易》关于人道的核心内容就是生命的"损益之道"，强调了人性只有遵循"损益"之道，才能永续于世。

鞠曦先生认为：天道为上行之道，故天道为损；地道为下行之道，故地道为益。天道之本为"恒"，而"恒道"行至人之生命开始，就开始了天道对人生自然"损"的过程，这样就有了人的"喜、怒、哀、乐，生、老、病、死"等生命的过程，所以恒卦为损道之始，由恒卦至既济卦再到损卦，揭示了生命顺天道而行的"损道之理"。地道之本为"咸"，咸为交感而生生万物，所以由咸卦至未济卦再到益卦，揭示了生命承载于地而遵循的"益道之理"。这恰好解释了损卦《象》传的"损下益上，其道上行"与益卦《象》传的"损上益下，民说无疆，自上下下，其道大光"。

鞠曦先生从《说卦》传中解读了《周易》损益之道所蕴含的人类生命之理，视角独特，对学《易》者是大有帮助的，他提供了一种新的学《易》逻辑思考。其实，人之生命是行走于天地之间，当然可以顺行天道而损，也可以逆行地道而益；不论是损还是益，都需要个体生命以自己的智慧去觉悟生命之理，该损则损，该益则益，实现"我命在我不在天"的人生奋斗目标，自己的命运要始终掌握在自己的手里，这就是易经损益之道蕴含的人类生命发展规律的重要秘籍。

注释：
① 曾仕强（1935—2018），国学大师、中国式管理大师，全球华人中国式管理第一人，被称为"中国式管理之父"，曾任台湾交通大学教授，台湾兴国管理学院校长。著有《胡雪岩的启示》《易经的奥秘》《中国式管理》《家庭教育》《孙子兵法与人力自动化》等著作，最让大家熟悉的是他在《百家讲坛》中的演讲。
② 帛书《易传》著于西汉，1973年于湖南省长沙市马王堆一号汉墓出土，收藏于湖南省博物院。这是《周易》卷后的古佚书，根据帛书中以墨块为记分篇的惯例，这批古佚书可分别称之为《二三子问》《子曰》《要》《缪和》《昭力》等篇目，其内容都是关于《周易》卦象、阴阳羲礼等方面的论述。这是一批《周易》卷后的古佚书，保存基本完整，内容相当丰富，是研究《周易》和中国古代哲学思想史、了解汉初《易传》本来面目的珍贵资料，在学术研究上有重大价值。

③ 廖名春,男,1956年3月生,湖南武冈人。1988年毕业于武汉大学,获文学硕士;1992年毕业于吉林大学,获历史学博士。同年进清华大学思想文化研究所工作,现为清华大学历史系教授、博士生导师。廖名春教授是马王堆帛书《易传》最早的整理者之一,在郭店楚简和上海博物馆藏楚简的研究中是国内外最为前沿的学者。先后承担过国家社科基金项目"帛书易传与先秦秦汉学术史"、教育部社科基金项目"新出简帛与思孟学派"、北京市社科基金项目"战国楚简本老子研究"、全国高校古委会基金项目"帛书易传校释"、教育部省属高校人文社会科学重点研究基地项目"孔子诗论与先秦诗学研究"等项目的研究。目前与李学勤教授共同承担的"出土简帛易学研究"是教育部人文社会科学重点研究基地重大科研项目。

④ 王夫之(1619—1692),字而农,号姜斋,人称船山先生,湖广衡阳县(今湖南省衡阳市)人,明遗民。明末清初思想家,与顾炎武、黄宗羲、唐甄并称"明末清初四大启蒙思想家",是明末著名学者王朝聘的儿子。著有《周易外传》《黄书》《尚书引义》《永历实录》《春秋世论》《噩梦》《读通鉴论》《宋论》等传世著作。

⑤ 鞠曦,字白山,号时空散人,民间独立学者,新儒家、哲学家。1952年1月生,吉林省抚松县人。又名成梁。1968年开始自修中西哲学及中医学,专事中西哲学研究及易学、道学、儒学、佛学、中医学、科学哲学等方面的研究。以对西方哲学的本体论研究,创立《统一论》的哲学体系。对中国文化承诺的哲学进行推定,以论文"卦的形式及本体论内涵"和"人类的形而上学及《周易》哲学观诠释"为代表,形成了《形而中论》的中国哲学体系,从而完成了对中国哲学学科的形式化建构,在学术界产生了重要影响。著有《易道发微》《西方哲学史略》《人类的哲学及其形而上学基础》《中国哲学导论》等著作。

第十五章　自然之道

《周易·系辞上》（第四章）记载："《易》与天地准，故能弥纶天地之道。仰以观于天文，俯以察于地理，是故知幽明之故；原始反终，故知死生之说；精气为物，游魂为变，是故知鬼神之情状。与天地相似，故不违；知周乎万物，而道济天下，故不过；旁行而不流，乐天知命，故不忧；安土敦乎仁，故能爱。范围天地之化而不过，曲成万物而不遗，通乎昼夜之道而知，故神无方而《易》无体。"这段话的大意是讲易道的广大，以及圣人制易用易习易的法则与功效。深究其理，此间包含着深刻的涵盖天地人三才在内的自然之理。

"易与天地准，故能弥纶天地之道"，这里的"准"可以理解为准则、标准，"弥纶"的"弥"是指弥缝、弥合的意思，"纶"是指纶阔、条理之意，故"弥纶天地之道"可以解释为"包容、揽括宇宙天地万物诸般变化的道理和规律"。紧接"弥纶"之后是六个"知"，是阐释圣人制易、用易应达到的境界。朱熹在《周易本义》中说前三个"知"为"穷理之事"，进一步解释为"幽明、死生、鬼神，皆阴阳之变，天地之道也"。可见前三个"知"主要在讲《易》的天地大道，穷究幽明、死生、鬼神的变化规律，则离不开融合天、地、人于一体的阴阳变化的宇宙自然法则。"幽明"是自然的，指示宇宙间的幽暗与光明，是天道的体现；"死生"也是自然的，指示宇宙间一切物质的变化，是地道的体现；"鬼神"亦是自然的，指示宇宙间生命的另一种表现形式，是人道的表现。可见，"幽明、死生、鬼神"都是自然的。

在《易传》的作者看来，生命的构成具有两重性，一是物质生命，即人类可以认知的生命体，能体现出明显的生老病死的物质状态；一是精神生命，精神生命是生生不息的，无法体现出生老病死的物质状态。以人类为例，人们看得见、摸得着的每一个个体的身体就是物质生命；而每一个人的"精、气、神"则是人们看不见、摸不着的，是内植于每一个身体的内心深处的，人们只能通过感觉以予体会的就是精神生命。

后三个"知"分别是"知万物"（知周乎万物）"知天命"（乐天知命）"知易道"（通乎昼夜之道而知），朱老夫子在《周易本义》中，将这三个"知"解释为"此圣人尽性之事也"。这是强调圣人知万物、知天命，就能达到和顺于天地自然，做到"不违、不过、不忧"。朱老夫子对该句辞文的注释是，"随处皆安，而无一息之不仁，故能不忘其济物之心，而仁益笃。盖仁者，爱之理；爱者，仁之用，故其相为表里如此"。所以《易传》说"安土敦乎仁，故能爱"。

最后一个"知易道"则是对"圣人尽性之事"的总括，强调了圣人制易、用易、研易、习易的终极目标是确立能涵盖天地万物变化的人类思维框架，确定与天地和顺相生、人际和谐相处的行为规范，实现人类生命对天地化育万物之神妙功能的参透，号召人们要奉天命，知时势，效法圣人施仁义济苍生，在认知、做人、处世等方面要依据天地万物生成变化、迂回曲折、无往不复的道理，做到兼容并蓄、顺势而为，则不会留有后患。圣人之所以能做到"范围天地之化而不过,曲成万物而不遗",是因为圣人能够参透涵盖天地万物诸象之变动的法则和规律,并能够依顺昼夜更替的阴阳相济相生之理,从而洞察未来、预测未知。

综上分析,《周易·系辞上》第四章着重阐释了易道之广大,强调圣人效法易道的根本是和顺自然,遵循融合天、地、人三才于一体的自然法则,按照"阴阳、柔刚、仁义"的自然之理,以穷天理、正性命。

一

何为自然

在《周易》中,虽不见对"自然"一词的直接阐释,但《周易》全文到处都闪烁着自然之道的光芒。笔者认为,《易经》之为书,其最高的境界就是自然,或者叫回归自然。懂得回归自然,是易经给人类带来的最大贡献。

什么是自然呢?在中华文化中,最早记载"自然"的恐怕就是《通玄真经》[①]这本书了,在该书的卷八有一篇就叫《自然》篇,书云:"自然,盖道之绝称,不知而然,亦非不然,万物皆然,不得不然,然而自然,非有能然,无所因寄,故曰自然也。"这段文字清楚地说明了什么是自然,指出了自然是道的最重要特性,道能生万物,都是不借助于外力,而是自然而然的。具体到事物而言,表明某项事物的发展变化一定是遵循其内在的规律而不受外界干扰,一旦受到外界的干扰,就不合乎自然,那么其发展变化就出现变异,这种变异或许是好的,或许是坏的,但不论好与坏,它一定是不恒常的,而是瞬间的。所以,老子在《道德经》开篇就说"道可道,非常道"。

这个"可道"就是事物发展变化规律的变异,可以被人们说道,那就一定不是恒常之道。何为"恒常之道"呢?《道德经》最直接的表达就是"道法自然",将"自然"称为道。整部《道德经》在阐述道经的部分,都是在讲自然。

二

爻象组合反映了宇宙自然之理

易经第一卦乾卦,以龙设寓,通过描述龙在不同时空点的状态,来说明天道的健运不息。表面上看,从九一爻的"潜龙勿用"到九六爻的"亢龙有悔",都是在指示天道永不停息遒劲运动,似乎有点征服自然之感觉。然而,当你细细品味各个爻中的深刻内涵,就会发现,至九五尊位,飞龙在天,引寓事物、事件发展到最高阶段。但是,飞龙在天不是宇宙之终,飞龙之后,还有亢龙,而亢龙的结果是"有悔"。所以,乾卦的爻辞启示人们,效法天道,至九五尊位,应归隐收藏,否则就会出现"亢龙",亢奋之龙终于悔恨。因此,到达飞龙状态,一定要克制你的行为,不可进入亢奋,只有这样才能无悔而终。乾卦的实质是告诉人们,即使人性再强,学习天道再到位,最终仍然是战胜不了自然规律和自然定态,只有效法自然,按照自然规律办事,才能有好的终结。乾卦作为易经第一卦,在上九的终位以"群龙无首,吉"作结。为什么"群龙无首"而能吉呢?因为无首的群龙才是自然状态,有首的群龙不可永恒,不是自然状态,故群龙无首则吉。这是易经中蕴含的自然之道的深刻写照。

有人讲"当官要学曾国藩,经商要学胡雪岩"。曾、胡都是晚清重要人物,都对当时的社会产生重大影响。然而,从恒常的"自然之道"看，此二者的人生结局却完全不同。曾国藩一生终日乾乾，自强不息，永远也没有停止奋斗，不论学文，还是带兵，都演义着乾卦的健运人生，到了他带领湘军攻克南京，打败太平天国之后，树立了当时中国至高无上的威望。这时，就有很多人劝其举兵反叛，一举推翻清朝政府。从当时的时局条件看，曾国藩若反叛，成功率基本百分之百。但曾国藩深谙《易经》之道，尤其对《易经》蕴含的自然之道更有深刻的敬畏，他深知自己身处于"飞龙在天"的至尊之位，接下来必然到达"亢龙有悔"的阶段。故而，他不但没有起兵造反，反而主动裁撤湘军，劝其高傲的九弟曾国荃告老还乡，在九五尊位之时，他及时收敛，转向家书的立著编撰，归隐于市井之中，排除了"亢龙"状态的出现，从而避免了"有悔"的结局。得益于他深谙《易经》的自然之道，并一生努力践行。

与之相比，胡雪岩十三岁离开徽州，开始他传奇一生的商海奋斗，创造了富可敌国的商业帝国。据不完全统计，他的财富总值是当年清朝政府全部财政收入的百分之三十，当之无愧地做了十几年的中国首富。在事业巅峰之际[清同治十一年（1872）]，胡雪岩没有曾国藩的格局和境界，没能深刻领悟九五至尊的"飞龙"之后必然要进入"亢龙"的自然规律，而是沉默于九五至尊的喜悦之中，开始在杭州元宝街18号建造当时最奢华的豪宅，开始了他飘飘然的荣华富贵生活。然而，好景不长，从1875年他的豪宅宫殿开始启用，至1882年的短短七年时间，他的商业帝国开始动摇，1883年顷刻之间土崩瓦解，随之而来的是摘去顶戴花翎，革职查办，两年之后的1885年，他郁郁而亡。

相比两位名人，都在自己处于"飞龙在天"的九五至尊之位时，采取两种截然不同的处理方法，曾国藩顺乎自然，功成名就，立德、立言、立行三不朽；而胡雪岩赤条条来，赤条条走，叱咤风云一生，最后郁郁而终。

三

卦象排列体现了自然之道

《易经》六十四卦的排列顺序无处不体现"宇宙自然"的规律。易经六十四卦的排序始于乾坤两卦，此二卦是对整部《周易》卦象的总括，涵盖天地之大道。引寓到人道之中，乾为父，坤为母，有了乾坤这两个父母卦，才有震兑、坎离、艮巽的子女卦，这种排布方式非常深刻地体现了宇宙生成创制的自然法则。

对乾、坤二卦的爻象分析就不难发现，乾卦倡导向上、健运、永不停息；而至上九则是"群龙无首，吉"的景象，这个"群龙无首，吉"就是一种自然现象；紧随其后的是坤卦，坤卦倡导归隐、归藏、效法大地，容纳万物，不予纷争。这分明是对宇宙万象由乾卦奋斗不息而开始，到最后转入坤卦归藏收敛的自然状态的生动阐发。由一种现象转向另一种相反的现象，这就是"自然"。而在易经中除了"乾坤"两卦，由健运转向归藏之外，类似的这种排布，比比皆是，如"否泰"两卦，有否极泰来，必然也有泰极否至；再如损益两卦，损卦的宇宙气象产生之后必然是益卦的宇宙气象，其实质就是自然之道。

除乾坤二卦之外，《周易》上经部分的卦序排列，则是设寓宇宙世界的生成法则，也充分体现了自然规律的运动。《周易·序卦》记载，"有天地，然后万物生焉。盈天地之间者，唯万物，故受之以《屯》。屯者，盈也，屯者，物之始生也。物生必蒙，故受之以《蒙》，物之稚也，物稚不可不养也，故受之以《需》，需者，饮食之道也。饮食必有讼，故受之以《讼》，讼必有从起，故受之以《师》，师者，众也。众必有所比，故受之以《比》，比者，比也，比必有所畜，故受之以《小畜》……物不可以终过，故受之以《坎》，坎者，陷也，陷必有所丽，故受之以《离》，离者，丽也"。《序卦》对周易上经部分的描述以万生始生开始，直至精彩纷呈的世界形成，这其中遵循的仍然是自然规律的运动。始于屯卦，而"屯者，物之始生也"，止于离卦，"离者，丽也"，就是美丽的宇宙世界。

　　《周易·序卦》又载："有万物，然后有男女。有男女，然后有夫妇，有夫妇，然后有父子。有父子，然后有君臣，然后有上下……有其信者必行之，故受之以《小过》，有过物者必济，故受之以《既济》，物不可穷也，故受之以《未济》。"这是《序卦》对《周易》下经卦序排列的描述，首先强调宇宙阴阳交感，产生万物，然后有男女。故下经起于咸卦，咸卦就是交感之象，只有有了阴阳的交感，才可能产生男、女之生命，而有了男女，然后才能组织家庭，有了家庭，然后人类社会产生，就有了夫妇、君臣、父子等一系列人类社会伦理关系。男女交感，有了家庭，形成了夫妇之道，只有维持恒久，才可能产生人类社会，所以《序卦》又说："夫妇之道，不可以不久也，故受之以恒。恒者，久也。"

　　《周易》下经以既济、未济两卦终结。既济指示事物发展至完局之时所展现的气象，指示"物之穷也"。然而，事物无终尽之理，因为尽则复生。所以，既济是理想状态，而不是自然。易经认为，天运之所以流行，物理之所以代谢，这是宇宙万物变化的循环之理所决定的，是自然的过程，是天地人物皆不能违之的自然法则，所以《卦序》最后说"以未济终焉"。可见，下经从咸、恒两卦开始，止于既济、未济两卦，亦是对人类社会和宇宙万物发展自然规律的生动描述。

四

卦德的阐释深藏自然之理

《周易》上经论述天道、地道的宇宙大规律，由天地氤氲，阴阳交媾，而生化万物开始，经过阴阳二气的交感制化，最后生化为活生生的水、火、雷、电等物质世界，这个过程是极其复杂的，我们无法用现代科学理论对其交感过程进行诠释，但我们不能否认，万物的生成一定是阴阳二气交感交媾的结果。所以，《周易》上经遵循着宇宙的生化发展的自然规律，把指示阴阳变化的乾坤二卦安排在文章的开始，把生成实实在在物质属性（水和火）的坎离二卦排布在上经的最后。综观上经三十个卦象的义理阐释，其实质就是按照宇宙自然生成之理进行科学布序，非常符合现代人的理性思维和逻辑思考。

《周易》下经讲述人道，其义理内涵也体现了自然之道。既然讲人道，首先应该明白人从哪里来，所以下经的第一卦咸卦的卦辞就是"咸：亨，利贞，取女吉"。人的初生一定是亨通美满的，而要生出人来，要从取女开始。恒卦则描述恒久的气象，强调"利有攸往"。将此二卦联系起来就不难理解，下经咸、恒二卦的实质是阐释人类到达世界之后，将会对世界产生影响，并在一定的范围内形成规范，否则人类就无法立足于世间，人类特有的社会形态就无法形成。社会形态的形成，首先从个体家庭开始，人类作为最高生命价值的存在，构建人类社会，必须先组建家庭生孩子；而只有家庭形式稳定恒久，才能生产更多的孩子，促进人类这个群体的不断繁衍发展，从而形成人类社会形态。所以，咸卦之后紧跟着恒卦，指示交感结婚后构建的家庭要恒久，才能形成族群，然后才会有宗族、有社会、有国家。随着人道思维的不断发展，最后到达了既济状态，这就构建了一种理想的社会形态。但是，这种理想的社会形态不是恒久的，它必然会因为人类自身的行为而导致这种理想社会形成的破坏，使之又回到了常恒的未济状态。所以整部《周易》将既济与未济二卦排列在最末尾。

从义理上看，《易经》的作者借助自然中的"水"与"火"两种不同物质属性，生动展示了既济与未济的宇宙事态情状。《周易》第六十三卦为既济卦，其卦辞为"初吉，终乱"，指示既济不是永恒状态，初始是吉祥的，但最终以乱而结。其《象》则说"水上火下，既济，君子以思患而豫防之"。这是强调，既济的出现，一定要防患于未然，要居安思危，因为既济不可恒常，要让既济的状态更久远一些，唯一方法就是"思患而豫防之"。其实，从既济的卦象不难看出，既济卦体现的气象是：水在上面，火在下面，水火之间达到了一定程度的平衡。这类似于烹饪，上面放水，下面烧火，最终煮出美味佳肴。大家很清楚，美味佳肴的产生一定是建立在下面的火候适中，上面的水量适中，烹调时间适中的理想的状态，如果火候过了，就烧焦了，如果水量过了，煮不熟；如果时间短了，半生不熟，如果时间长了，太老不鲜。所以"既济"是一种理想状态，是在天时、地利、人和都具备最佳、最适合的条件下才会产生。因此，"既济"不是常恒的，不是自然的。大家知道，水总是往下流的，往低处流去，而火总是往上长的，往高处升去，这是水火作为物质本身所自然拥有的属性，才是其本身所拥有的自然状态。

《周易》最后一卦为未济卦,其《象》说:"火上水下,未济,君子以慎辨物居方。"何谓"慎辨物居方"呢?这其实是强调,火在水上方,水火不交,虽然是未济的现象,不相为用,但火性炎上,水性润下,各居其方,作为君子观此卦象,能以慎笃辨之,以物识物,使其各安其所,这样就能符合自然规律。我们不难想象,水不论如何向上涨,而最终就是往下流去,火不论如何居下方,最终总是往上长去,这是水、火本性使然,或许水上火下的既济状态,能够产生美味佳肴,但这终究不是永恒的理想,而永恒的理想是水自然地往下流,火自然地往上长,作为人类要慎辨之,使水、火各居其方,在其正确的方向上发挥作用。所以,未济卦引寓人们要遵循宇宙自然规律,要善于使万事万物各居其方地发挥作用,最终达到"天人合一"的境界。

注释:

① 《通玄真经》,道教四部圣典之一,也称《文子》。传文子是春秋时人,著有《文子》一书,唐玄宗于天宝元年(742)诏封文子为通玄真人,尊《文子》一书为《通玄真经》,道家奉为"四子"真经之一。北魏李暹注《文子》时称,计然就是文子,而柳宗元始疑其伪,千年来遂质疑不断。1973年河北省定县八角廊村40号汉墓出土大批竹简,其中就包括《文子》一书,从而使这段"公案"告一段落。《文子·上德》篇有明显的《易传》特色,从《上德》解易看,与《彖》《象》为同一思想脉络的发展。

第三卷

易中启智

第十六章　阴阳的认识观

阴阳之道是易经带给人们认识世界的第一大道，是中国古人认识世界的方法论，也是笔者学易体悟的第一大道。站在历史发展的新起点上，作为新时代的我们，重读《周易》，又能从易经的阴阳之道中得到哪些启示呢？

一

启迪人们树立辩证的世界观

通过学习《周易》，让我们认识到世界的一切事物都是阴阳化育的结果。人类作为宇宙中的一员，也不例外，也是阴阳化育的结果。这就是一种朴素的唯物主义世界观，这是中华民族的上古先民认识宇宙的思想根源。

北京大学著名教授楼宇烈[①]先生强调："西方文化认为，世界万物是由神、由上帝创造的，上帝不仅赋予了人类生命，还赋予了人类灵魂，神是宇宙万物之源。"因此，西方人总是信教的，因为宗教源头就是神。但是，在西方国家有一个很特殊的现象，就是各个教派之间互不相融，即便是同宗于《圣经》的天主教、东正教、新教等，各自的具体教义也完全不同，而且具备很强的排他性，真可谓"有他无我，有我无他"。所以，你到欧洲去参观教堂，就可以发现各个宗教场所有非常明显的差别，如在天主教堂中一定有圣母、耶稣、圣徒等塑像，而新教（在中国统称基督教，就是我们通常看到的福音堂）的教堂就没有塑像，只挂一个十字架。

当然，在中国也有宗教，大家最熟悉的莫过于佛教或道教了，尤其是道教还是中国土生土长的宗教，是宗教就一定信奉"神"。但是，在中国各教可以相融相生，甚至相互影响，中国讲"儒、释、道"并存发展，求同存异，中国的许多景点都有三教神灵一同供奉，如江苏省无锡市的元头渚就在同一地方同时供奉着道教的老子、儒家的孔子和佛教的释迦牟尼。可见，在中国宗教里虽然也有"神"，但是中国宗教里的神都是有实实在在的人的化生，而不是西方宗教里纯粹的神灵上帝。但从不强调他是宇宙的主宰，中华文化讲"天"是宇宙的主宰，"天"是万物之源。这个"天"不是神，而是"阴阳"，其表现形式为"气"或称"阴阳二气"。东汉思想家王充[②]指出："天地合气，万物自生。"（语出《论衡·自然》楼宇烈先生也指出"气化而生，气变而死，这是一个自然的过程"。可见，在中华文化体系中，宇宙万物是"天地合气"的结果，是"天生地养"的结果，是"阴阳二气"不断制化的结果。

易经认为，"阴阳二气"的运动变化而生发万物，成就精彩的宇宙世界，所以"阴阳"是宇宙万物之源。这就启示人们对世界要有正确的认识，不是神创造了世界，是"阴阳变化"产生了万物。而这种变化是永恒不变的，正如《道德经》所说的"有物混成，先天地生，寂兮寥兮，独立而不改，周行而不殆"，这其实是一种自然的状态。这种自然状态的本质是阴阳的变化和相互转化，在一定的条件下，阴可以转化为阳，阳也可以转化为阴，阴与阳是互为制约、互为关联的，阴不能离开阳而独立存在，阳也不能离开阴而独立存在，此二者只有强弱的差别，而没有一方绝对的归零，这就是"孤阴不长，独阳不生"。可见，易经认为，世上没超越自然的力量在主宰着世界，包括对人类的主宰。人类作为宇宙的一员，要适应自然，敬畏自然，并顺应自然变化，认识自然规律，才能从自然中获得源源不断的资源，从而推动人类永续发展。

二

启迪人们形成正确的生命观

易经强调，宇宙间一切物质和非物质都是阴阳生化的结果，生命体也不例外，而人类作为宇宙间生命体的一员，自然也逃不出"阴阳之道"。

人的生命属于自然的组成部分，是自然的子集，所以说生命的变化规律必然服从于自然的变化规律。中国人历来用生、老、病、死来说明生命的变化形式和过程，而易经告诉我们，推动这一过程的原动力是阴阳，人从初生至强壮，再到成熟，就是阳气渐长的过程，而从成熟进入衰老，再到病死的过程，就是阴气渐长的过程，阴阳在生命体的寿命周期里总是此消彼长的。个体生命从出生到消亡只是某一对"阴阳"组合体在不断地进行阴阳制化的过程，所以生命体本身无法决定自己的出生与死亡。孔子倡导大家要"乐天知命"，这个"命"的来源与灭失是天道主导，是阴阳主导，而不是个体生命自己主导。但是，作为个体生命的自己，只要能够正确认识"命"，就可以主导这个"命"的过程，你想走什么样的人生道路（即命的运动轨迹），怎样运行你的"命"，这就完全在于个体生命自己了。

《周易·说卦》记载"人之道，曰仁与义"，这就是强调，个体生命在运行你的"命"的过程，也要遵循阴阳之道，而这个"阴阳之道"就是"仁与义"，"仁"体现为阴之道，在于修为你的品德，是向内求的过程；而"义"体现为阳之道，在于实践你的运命行动，是向外求的表现。因此"仁"与"义"也是一对阴阳组合，相对于宇宙万物的阴阳大道，这是一对阴阳的"小组合"，而这对"小组合"就是个体生命应该正确把握而且能够把握的东西。这就是《周易》阐释的"一物一太极"之理，启示人们正确认识生命，在你的人生旅途中，首先应认真呵护由"阴阳制化"而来的生命体，即爱护自己；同时，应强化生命运动过程中"仁"与"义"的锤炼，使之达到内求"仁"与外求"义"的阴阳平衡。

三

启迪人们构建正确的事物观

世界万物纷繁复杂，如何认识它？易经启示我们，一切的一切尽在"阴阳"中。只要按照"阴阳之道"的法则，去看待人世间的一切事物，那么就能很快认识事物存在的规律和本质，就不会被纷繁复杂的表象所迷惑。

宇宙万物是阴阳杂合体。《周易》指出"方以类聚，物以群分"，易经的阴阳之道揭示了"对立统一，负阴抱阳"的辩证法则，强调了宇宙万物同居一体，不但彼此依存，而且又相互对立，总是在此消彼长的运动中维持着系统平衡和发展进步。其实，只要我们用心观察,身边的万物都是阴阳构成的。

从大类看,任何一个大集合都是阴阳杂合而成,如动物有雌雄之分,人类有男人女人之分,植物也有雌雄之分。

从细节看,任何一个小集合也都是阴阳构成。以手掌为例,大家举起一只手,有五个手指,最灵活的是大拇指。医学研究表明,如果一只手掌的大拇指没了,那么整个手掌的功能就失去了一半;而其他四指中少了一个,只影响整个手掌功能的五分之一,所以大拇指与其他四个手指是一对阴阳体。因为大拇指最灵活,所以大拇指为阳,其他四指为阴。但阴阳一定是纠缠的,阴中有阳,阳中有阴,大拇指是阳的却是阴数的两节构成;而其他四指则是三节的阳数构成。又如日常人们常常食用的橙子、橘子、苹果等果实都是分阴阳的,都有雌雄之分。就脐橙而言,脐大的突出的为雄,为阳;而脐小的向内凹陷的为雌,为阴。其实,只要我们仔细观察就会惊奇地发现,人们身边的许许多多事物都是阴阳纠缠的,这就是阴阳互体在具体事物中的表现。

宇宙万物都是划分阴阳的。庄子曾说"《易》以道阴阳"(语出《庄子·杂篇·天下》)。易经就是运用阴阳二性对宇宙万事进行划分的。阳指示阳刚,外向,显现的属性,阴指示为阴柔,内向,隐藏的属性。如自然界中的"明与暗、热与寒、实与虚、动与静、显与隐、散与聚"等现象就是按照阴阳属性进行划分的。虽然"阴阳"只有简简单单的两个字,却非常恰当地揭示了宇宙万物的构成。从事物功能上看,阳指示光明、刚强、正面、厚重等,阴指示黑暗、柔弱、反面、空虚等;从事物性质上看,阳指示向上、向前、开放、白色等,阴指示向下、向后、关闭、黑色等。可见,阴阳之道揭示了宇宙万事万物的二分法则,启示人们将纷繁复杂的宇宙世界转化为简单明了的二元性。这种阴阳之道的二元性，常常被中国古人用于标示人世间的地理环境，最明显的莫过于对地理环境的命名了，如江阴、淮阴、洛阳、衡阳等，这些与阴阳有关的地理命名其包含着易经阴阳之道的运用。中国古人将山之南定义为阳、山之北定义为阴，将水之南定义为阴、水之北定义为阳。于是很明显，江阴就是处于长江之南；淮阴一定是淮河之南，洛阳一定是处于洛水之北；衡阳一定处于衡山之南。这些现在人们生活中常见的耳熟能详地名，实则蕴含着易经阴阳之道的深刻哲理。

四

启迪人们树立正确的社会观

社会是基于人类而言的，是指人与人形成的关系总和。是在特定环境下共同生活的人群，能够长久维持的、彼此不能够离开的、相依为命的一种不容易改变的结构。人类的生产、生活、消费、政治、教育、娱乐等，都属于社会活动范畴，而这些活动都是通过不同的关系联系起来的，有家庭的关系、个体之间的关系、个体与集体的关系、个体与国家的关系，也有群体与群体之间的关系、群体与国家之间的关系等等。可以说社会就是人类活动中各种各样关系起来的集合。所以，初看起来，社会关系异常复杂，作为个体如何认识这种关系，确实有难度。然而，易经的阴阳之道给我们打开了一扇窗，让我们可以清晰地洞见复杂的社会关系，其实依然是阴阳杂合体，依然能够划分阴阳。因为人类社会是属于自然和生命的一个组成部分，所以它的发展和变化必然同样遵循自然和生命的规律。在复杂的社会生活中，我们将家庭关系中的"家和万事兴"，生活关系中的"荤素搭配",人际关系中的"和气生财",经济关系中的"等价交换",社会关系中的"和谐社会"等常常挂在嘴边的言辞都体现了阴阳的平衡关系。再如政治家通常关心的民心向背,向为阳,背为阴,这也是治政观测的重点,实质也是阴阳认识事物的二分法则。还有,今天人们常说的"一分为二""辩证看问题""事物都存在着矛盾两方面"等,凡此种种,在社会生活中常常用之的定律,追根溯源都来自易经的阴阳之道。

易经的阴阳之道,为人们打开了一扇认知世界的明窗,让人们在纷繁复杂的世界中,明晰万事万物的形成机理,看清迷糊的生命轨迹,洞察复杂的社会关系,从而树立起正确的世界观、事物观、生命观和社会观,为人类正确认识物质世界,正确认识自己,正确认识人文社会提供了方法论。笔者认为,这就是学习易经阴阳之道带给人们的最大启示。

注释:
① 楼宇烈,男,浙江省嵊泗县人,1934年12月10日生于杭州,北京大学著名哲学教授,博士生导师,著有《郭象哲学思想剖析》《试论近代中国资产阶级改良派的哲学思想》《易卦爻象原始》《佛学与中国近代哲学》等几十部哲学著作。
② 王充(27—约97),字仲任,出生于会稽上虞(今属浙江)。东汉思想家、文学批评家,汉代道家思想的重要传承者与发展者。其思想以道家的自然无为为立论宗旨,以"天"为天道观的最高范畴,以"气"为核心范畴,构成了庞大的宇宙生成模式,与天人感应论形成对立之势。在主张生死自然、力倡薄葬,以及反叛神化儒学等方面彰显了道家的特质,并以事实验证言论,弥补了道家空说无着的缺陷。其思想虽属于道家,却与先秦的老庄思想有严格的区别,虽是汉代道家思想的主张者,却与汉初王朝所标榜的"黄老之学"以及西汉末年民间流行的道教

均不同。主要著述有《讥俗》《政务》《养性》《论衡》等，其中《讥俗》《政务》《养性》现已失传，《论衡》一书大约作成于汉章帝元和三年（86），现存文章有八十五篇，《自然》就是其中的一篇。

第十七章　三才的系统观

《周易》从复卦的六画卦象出发,揭示了"天、地、人"三才构成的系统,从世界之"气、质、性"三个维度,阐发世界之本原,并以卦象为载体,分别用阴阳、柔刚、仁义对六爻进行赋能,构建起人类认识自然和认识自我的完整系统论。可见,易经三才之道是引导中华民族与天地和谐相处的最高智慧,是引领人类认识自我、规范自我行为、修为自我心性的最高法则。

一

引导构建中华民族的文化观

随着中华传统文化魅力的充分展现,人们学习国学、学习中国传统文化已成为当今社会生活的一种时尚表现。然而,中华文明五千多年,留下的文化瑰宝堆积如山,从何学起,如何学习却困扰着芸芸众生。其实,中国的文化源于《易》已是不争的事实。我们从易经的三才之道中就能找到中华文化的源头,为我们厘清纷繁复杂的中国优秀传统文化网格指明了方向。

中华五千年的光辉灿烂文化历来有"一源三流"之说,这一源就是易经，三流就是指"儒、释、道"三家，这是对中华文化影响最深的三大思想流派。或许，易道广大而幽远，后学者都可从中寻找到源头，就"儒、释、道"而言，易经的三才之道就是最直接的源头。

孔子在易传《系辞》里说"太极生两仪，两仪生四象，四象生八卦，八卦定吉凶，吉凶生大业"，又说："八卦以通神明之德，以类万物之情。"这个八卦的生成过程是"三才"制化的过程，因为天、地、人三才，每一才都有两种变化可能，天道以"阴阳"论气，地道以"柔刚"论质，人道以"仁义"论性，这样三才就有八种不同的排列组合，所以"八卦定吉凶"。孔圣先贤对八卦生成的生动解释，奠定了儒学思想的根基，儒家核心思想的"仁义礼智信"就是在易经人道思维"仁与义"基础上的直接发挥；后来儒家思想中的"为天地立心，为生民立命""明明德""止于至善""修齐治平"等思想都源于乾卦行健而自强不息的天道观和坤卦柔顺而厚德载物的地道观。因此，儒学思想的构建充分体现了易经三才之道所展现的系统观点。

老子在《道德经》中说"一生二，二生三，三生万物"，这里的"一"是太极，是阴阳杂合体，"二"是阴阳，"三"就是三才，"三生万物"的思想，实质就是三才生万物的思想。而易经的三才之道正是涵盖宇宙万事万物之理，这与《道德经》的"三生万物"完全是一脉同源。后来，庄子传承老子思想，将道家思想推到了新高度，庄子的许多观点，如"易以道阴阳"（语出《庄子·天下》），"天地有大美而不言，四时有明法而不议，万物有成理而不说"（语出《庄子·知北游》），"日出而作，日入而息，逍遥于天地之间"（语出《庄子·让王》），以及著名的庄子"三籁"思想，都源于对易经三才之道的传承和发扬。由此可见，道家思想的构建也充分体现了易经的三才系统观念。

其实，如果大家认真读过《论语》和《道德经》，你就会发现，易经就像一棵大树，《论语》和《道德经》的主要思想观点都源于此，殊途而同归。《论语》作为儒家思想的核心经典，主要发展了易经的天道思想，注重乾、离、震、巽四卦的发挥，倡导艰苦奋斗，勤能补拙，刚健处世；强调乾卦的自强不息，偏好离卦的如日中天，奉行震巽卦的雷厉风行，主张奋斗、竞争，以达修齐治平。而《道德经》主要发展了易经的地道思想，注重坤、艮、坎、兑四卦的发挥，倡导知止知足，宽容厚道，谦让不争；崇尚坤卦的柔顺厚德，强调坎卦的上善若水，突出艮卦的笃静知止，重视兑卦善丽和悦，主张知足长乐，性顺善柔，自然无为，以达无为而治。

释家作为佛学，本是外来宗教，传至中原后，不但在华夏大地上生根发芽，而且与中国传统的儒道思想相结合，在神州大地上大放光彩，成为中华文化的一大支流。这是为什么呢？究其实质有两方面因素：一是《易经》作为中华文化的源头，本身就是一部广大悉备的巨著，其哲学思想中很重要的一方面就是顺应自然，求同存异，倡导和谐共生，兼容并包，而这种思想已经扎根于中国先民的内心，成为我们民族的自觉，所以中国人历来不排外，倡导百花齐放，这让进入中国版图的佛学有了扎根的基础。二是佛学文化本身与易经三才之道的许多观点是契合，这才使之能在中华大地上发扬光大。据传，印度佛教传入中原之初，亦受中原人的排斥，后来一名佛教高僧拿出了《易经》，指着坤卦的《象》传说，你们中原人的经典《易经》中说"积善之家必有余庆，积不善之家必有余殃"，这与我们佛学的思想是一致的，我们佛学就是倡导人们要积德行善的。中原人一见此景，也就不再抵制佛教了。于是，佛教后来在中华大地上大放异彩,发扬光大。这或许是后人的杜撰,但佛学中许多观点与《周易》相通相融是事实。如佛家中讲"诸法实相",指示宇宙万物一切的一切都是法,而法的表现形式是"色",色指示物质或意识,其运动方式是"空",空指示变化。强调宇宙万物总是以"色"的形式存在于"空"之中。"色"有物质的形态,也有意识的形态;而"空"的属性就是变化,永不停息的变化。这与《周易》阐释的天道思想是相融相通的,天道强调宇宙万物由"阴与阳"构成,与佛家的"色"(物质或意识)是一致的,天道强调宇宙万物通过阴阳的不断制化而发生、发展、进步,这与佛家的"空"是一致的;又如佛家倡导"积德行善",这与《周易》人道思想的"仁义"不谋而合;再如佛家中讲"因缘福报",这与《周易》地道思想的柔顺和合、厚德载物思想有异曲同工之妙。

可见,"儒、释、道"之所以能够成为中化文脉发展最重要的三大支流,就在于这三流都源于《易经》,都蕴含着"天、地、人"三才的系统观,都达到了上观天文、下察地理、中通人道的系统性。故而,启示今天的人们学习国学,需要认识中华文化的源头,而这个源头从《易经》开始。

二

启悟人们构建"天人合一"的系统思维观

现在很多人也经常说"天人合一"。到底什么是"天人合一"呢?未必大家都明白。从字意上看,就是讲"天"与"人"合在一起,成为一体。这是深邃的哲学概念,仅从字意理解,很难说清楚。中国古人认为,人类是宇宙天地所生,视天地为生我养我之父母。《诗经·大雅·荡》中就有"天生烝民"的观点。而《周易》就讲得更直白了,《周易·序卦》记载:"有天地,然后万物生焉。""有天地,然后有万物;有万物,然后有男女。""乾,天也,故称乎父;坤,地也,故称乎母。"可见,在易传《说卦》中,人们已视天地为人之父母了。那么,为什么中国古人会认为天地是人之父母呢?《周易》通过下经的第一卦咸卦,生动地描述了人类是如何产生的全过程。咸卦的卦象体现为"泽在上,山在下",泽为动,为阳,其性润下,山为静,为阴,其气上升,这就是"山泽通气,阴阳化育"的最好写照,可见从咸卦的卦象看,就是阴阳之气的制化,这就是天道的体现。从质来看,泽为湖泊,湖水具柔顺之质,而高山具刚硬之质,湖泊在高山之上,形成"高山承载湖水,湖水必然润山"的和合状态。从性来看,咸卦是兑上艮下,兑为少女,艮为少男,少女之阴气下沉,少男之阳气上升,阴阳二气就此交感而新生命诞生。所以,在宇宙之间天地交感,万物化生,自然包括"人类"。既然如此,人与天地自然可以合一,这就是"天人合一"观的形成。

可见,所谓"天人合一"就是强调人类是宇宙万事万物之中的一员,人是三才体系中的一部分。故而,人能与天地合一。这也深刻诠释了人应视自己为万事万物中的一员,是参与者,而不是观察者。所以"天人合一"是三才系统论的体现。

人与天如何"合一"呢?在儒家看来,天地是有大德的,乾之天德与地之坤德就是人类道德观念和行为规范的本原,人们的心中天赋具有乾坤道德原则,人与天地就是通过"德"的形式达到了合一的境界。然而,人类由于受到后天的金钱、财富、名利的诱惑,导致欲望膨胀,从而往往不能发现心中的道德原则,而不能与天地合一。所以,人类要在生命的成长过程中,不断加强自己的修行,克服欲望的膨胀，时常扪心自问，自觉履行道德原则，这样就能实现"天人合一"的理想，就能达到孔子所说的"从心所欲而不逾矩"的境界。在道家看来，"天人合一"更为直接，天地就是自然，人是自然的一部分，所以天人本是合一的。但由于人类自己制定了各种规章制度、人为规定各种道德规范，从而使人丧失了自然的本性，变得与自然不协调。所以人类要通过修行，解放自己的心性，重新复归于自然，达到人类永续发展的境界。庄子在《山木》①篇中，借托孔子与弟子颜回的对话，对"天人合一"思想进行了生动的阐释。

中国人历来有热爱生命、热爱自然的优秀品格和敬畏天地的自然觉悟，我们生活中有许许多多语言表达、民俗习惯都深受"天人合一"的影响。诸如：求以生存，我们就讲"靠天吃饭""民以食为天"；表达感恩，脱口而出就是"谢天谢地"；祝福老人用"颐养天年""享天伦之乐"；赞美才干称"天才""顶天立地"。结婚礼仪先要"一拜天地"；喜结姻缘常说"天赐良缘"；祝福新人常说"天生一对""天长地久"，等等。与天有关的文词和风俗，可谓俯拾即是，这也正如《周易》所云"百姓日用而不知"。

可见，如果我们能从三才之道中深刻体悟"天人合一"给人们带来的无穷智慧，那么在我们的人生旅途中，就能够时时刻刻领会世间所有生命的语言，倾听大自然旋律交融的天籁之音，自觉实践与大自然和谐共生的崇高理想。大千世界人与人、人与社会、人与物质、物质与物质就能极度巧妙而完美地结合，真正实现"万物与我共生，天地与我唯一"的大同世界。

三

启迪人们塑造"王者"风范的思维模式

人们常说三画王,这个"王"字就是"三横中间加一竖"。这三横代表"天、地、人"三才,从《周易》看,是一个单卦的三爻,而这一竖将"天、地、人"三才很好地连接起来,就成了"王"字。《说文》托借孔子说,"一贯三为王,凡王之属皆从王",汉代大儒董仲舒说:"古之造文者,三画而连其中谓之王。三者,天、地、人也;而参通之者,王也。"(语出《春秋繁露·王道通三》)这就是"王"的来源,指示在古代要成为王者,不但要通晓天地大道,知人情事理,更重要的是要善于将天地之道与人道紧密结合,在实践人道的过程中,主动效法天、地之道,主动会通天、地之道,以达到"一画开天,天人合一,横贯三元"的境界。所以,"王"字在古代是非常神圣的,不是什么人都可以当"王"的,只有具备通晓易经的天地人三才之道,并能够真正参透其理者,才能称为"王"。故"王也,参通之者"。

"王"还有另一层意,作动词解,音为四声降调,指示统领天下的意思。《周易·系辞下》(第二章)记载"古者包羲氏之王天下也",这里的"王"字作动词解,就是指包羲氏统领天下、治理天下的意思。所以,作为王者,就是要具备统领天下的能力。如何统领天下呢?那就是"参通之者",要参透天、地、人三才,具备三才的系统思维,做到上知天文、下识地理、中通人事。

其实,中华文化博大精深,许多汉字的创制都具有深刻的寓意,就如同"王"字与"皇"字,二者相差一个"白"字,"王"字用于指示通晓易经的"天、地、人"三才,并且能够将"三才"融会贯通的仁人,而"皇"字则在"王"字上面加一个"白"字,寓示当"王"要当到白头了,才能成为"皇"。据史书记载,在秦统一六国之前,一个国家或部落的首领称为"王",而不称"皇","皇"专用于指示国家的最高领导人始于秦始皇。后世的皇帝被称为天子,即上天的孩子,这其实也是对三才思想的发挥。因为当王者,能横贯三才,一画开天。所以,王者才具备通天的能力,而天之子就是替天行道的,所以将至高无上的首领称为"天子"。这一方面是皇帝为巩固自己的统治地位,将自己塑造为"天子"的形象;另一方面也受易经三才之道思想的影响。

可见,易经的三才之道是塑造"王者"的思想基础,启示人们要成为"王者",就需要具备古者包羲氏之品质,能够"仰则观象于天,俯则观法于地,观鸟兽之文,与地之宜,近取诸身,远取诸物,于是始作八卦,以通神明之德,以类万物之情"。并且能够将"天、地、人"三才融会贯通,以自己的品性塑造人,以自己的行动引领人,以自己的品德感化人。孔子说:"夫仁者,己欲立而立人,己欲达而达人。"(语出《论语·雍也》)要成为仁德之人,就要做到"自己想成功首先使别人也能成功,自己做到通达事理首先要使别人也通达事理"。所以,在孔子看来,易经三才之道中的人道思维,就是引领"王者"的最好路径。

四

开启人文观念形成的思想源头

易传《系辞》强调"易有天道、人道、地道,兼三才而两之"。可见,《易传》的作者已将人道置于卦象六爻之中,以识卦的方式,将人道思想提升到与天道、地道同等的地位,并通过卦象符号的形式将人道思维确立为三才之一,足可见《周易》作者对人类作为宇宙万物一员的重视。从六爻卦画看,人道是居于天道、地道之中。中国人常常将"三"与"四"挂在嘴边,指示人名就说"张三李四",用于形容某个人行为不正就说"不三不四",用于形容某个人记性差就说"丢三落四",用于形容某个人思维混乱就说"颠三倒四"。为什么不用"一"与"二",也不用"五"与"六",偏偏就是"三"与"四"这两个数字用以表达人的姓名、行为和习性呢?这其实是易经三才之道在卦象中的反映,易经将人道置于六爻卦画之中,处于卦象的三、四爻,故而三、四就是代表着人、代表着人的行为和习性。易经认为,人置于三才之中,就是要顺天道,行地道,只有这样才能立位正确,就不会"不三不四""丢三落四""颠三倒四"。

老子在《道德经》里说得更为直白些,他直接强调"人法地,地法天,天法道,道法自然",这就是说人道要效法天地之道,人道的运行要符合天地运行的大规律和大法则。

中国古人认为,人是万物之灵,人类活动能形成社会体系,而要维持人类社会体系的持续发展,则必须有人类社会活动的规范和法则,而《易经》的六爻卦画就成为记录这种规范和法则的符号,这就形成了一种文化,这就是人文的形成。可见,易经三才之道是中华文明人文观念形成的思想源头。

《辞海》将"人文"解释为人类社会的各种文化现象的总和。文化现象的范围就非常广泛了,广义而言只要是人类的活动现象都可以称为文化现象,这就是人类作为万物之灵,区别于一般动物的重要标志。具体到人类社会当中,文化既包含人们的内在的心理、意识、思想等思维活动,也包含了人们外在的衣、食、住、行等各个方面。

而易经三才之道的人道思想就包含了人类的内在修为即"仁"和外在的行动即"义"。《周易·贲·彖》记载"观乎天文以察时变,观乎人文以化成天",这是"人文"一词最早的记录。

然而,现代人一般认为,人文观起源于欧洲文艺复兴时期的一种思想体系,提倡关怀人、爱护人、尊重人,是一种以人为本、以人为中心的世界观。法国大革命时期又把人文观的内涵具体化为自由、平等、博爱,形成了人道主义思想。这些其实只是后来西方文明对中华已有的传统人文观念的阐发和发展,人文观起源始于中国的《周易》毋庸置疑。据美国前东方学会主席顾立雅[②]的考证,易经的人道思想通过阿拉伯人在12世纪传到了西西里的罗杰二世和英格兰的亨利二世朝廷,进而影响了后来整个西方的文艺复兴运动。

近代以来,文艺复兴、工业革命、信息化等人类社会的几次深刻变革,将人文观一次又一次推向了新的高点。可是,在前几次伟大的变革中,中华民族犹如睡狮始终沉睡不醒,未能跟上时代前行的脚步。遗憾的是,当中华民族睡狮醒来之时,我们只顾在物质上追赶前行,但精神上受西学拜金主义、金钱至上思想和资本逻辑的影响,却一度把老祖宗留下的一系列优秀文化成果,特别是人文思想、人文精神的伟大成果落下了。好在有党的正确领导,中华民族又重拾文化自信,中国传统文化回归到了我们本该拥有的视角范围。

人文,作为人类文明的基因,早在《易传》成书时代,已在我们先祖的心中留下了烙印。而今,作为中华民族的子孙,当我们重读《周易》,领悟易道给我们的人生智慧时,必将在内心深处焕发对中国传统人文观的追思,让我们在学《易》中重塑中华文明强大的人文观。

注释:

① 《庄子·山木》为《庄子》的外篇第二十章,在这一章里,庄子借托孔子与弟子颜回的对话对"天人合一"的思想予以阐释。大意是,颜回问:"什么叫作人与自然原本也是同一的?"孔子说:"人类的出现,是由于自然;自然的出现,也是由于自然。人不可能具有自然的本性,也是人固有的天性所决定的,圣人安然体悟自然,并随着自然变化而度过一生!"原文为:"回'何谓人与天一邪?'仲尼曰:'有人,天也;有天,亦天也。人之不能有天,性也。圣人晏然体逝而终矣!'"

② 顾立雅(Herrlee Glessner Creel)(1905—1994),生于芝加哥,毕业于芝加哥大学,美国芝加哥大学教授。曾任芝加哥大学东方语文系主任、美国东方学会会长、亚洲学会会员等,是西方著名的汉学家,同时也是孔子研究的权威。曾著有《孔子与中国之道》《孔子真面目》《从孔夫子到毛泽东的中国思想》《传说中之孔子》等著作。

第十八章　健运的入世观

健运之道是乾卦"四德"所体现的易道,也就是天道。易经认为,天道不可违,人类要顺应天道,效法天道,从天道的运行规律中启迪智慧。个体生命既然来到了人世间,那么首先需要爱护生命,呵护生命,让有限的生命历程走过出彩的人生,不论是对个体生命本身,还是对人类社会都是具有重大意义的,这就是健运之道带给人们的最大启示。笔者认为,通过学《易》,从健运之道中启悟人生,将有助于构筑起个体生命积极向上的入世观。

一

启悟人们积极入世的探索思维

从古到今,受《周易》乾卦健运之道的感染和熏陶,中华民族对天都有着无限敬畏和崇仰;与此同时,也激发了人们对广袤而玄妙天体的无限猜测和遐想,迸发出人们对天的无限探索,进而在中华儿女的细胞中固化了对未知的探索基因,推动着人类探索思维的不断发展和进步。从盘古开天、女娲造天的神话故事至《周易》记载的伏羲仰观天象,始画八卦,无不都是在说中国古人对神秘上天的探索。而这种探索精神直接催生了中国古代天文学的形成与发展,中国是世界上公认的天文学起步最早、发展最快的国家,早在尧舜时代,就设立了专职的天文官,专门从事"观象授时"。中国古天文学创制的优良历法(阴历、夏历)直至今日仍指导着人们的日常生产和生活。所以《周易·贲·象》指出:"观乎天文,以察时变。"中国古人通过观察日月星辰的位置及其变化,掌握它们的变化规律,以确定四时节气,编制历法,为人类的生产和生活服务。这也进一步说明了易经健运之道对人类探索精神的塑造和探索思维的形成提供了源动力。

其实,人类探索天道的脚步从未中断,从盘古开天辟地的神话故事到霍金的宇宙爆炸论理论;从达尔文的生物进化论到现代生物科学,这都是人类探索精神的生动写照。而这正是《周易》阐释的光而不耀、利而不害、为而不争、循环往复、健运不息的神秘天道予以人类的启发。

二

启悟人们积极入世的管理思维

《周易·系辞上》(第五章)记载:"显诸仁,藏诸用,鼓万物而不与圣人同忧,盛德大业至矣哉!"这里强调"道"可以鼓动万物,但不与圣人同忧。为什么呢?唐代孔颖达在《周易正义》卷七里对此做了详细的解答,他说:"言道之功用,能鼓动万物,使之化育,故云鼓万物,圣人化物不能全无以为体,犹有经营之忧,道则虚无为用,无事无为,不与圣人同用有经营之忧也。"可见,"道"是无思无为的,它总是按照自然规律鼓舞推动万物生长,而圣人则不一样，圣人要为济世利民而忧虑。由此可见，在《周易》作者看来，健运不息的天道虽然可以化育万物，并通过自然的运行，以达到天下"保合太和"的境界，但是天道不具有像人一样的自觉的管理行为。人是宇宙万物的精灵，人类通过社会形式维系种群的发展壮大，这就需要对社会进行管理。而管理社会，就需要设制一定的规则、目标以及种群的共同价值取向，并自觉地经营谋划，合理安排和调度资源。基于人类，管理之所以必要，是因为天道能化育万物，自然也包括人类，但不识辨万物；地道能承载万物，承载人类，但它不能治理人类，这就是人与天、地的差别，就是人与天地的职能分工。所以，易传《系辞》提出要立天、地、人三才之道，将人的因素立于天地之中。正是天道这种"无为"的自然运动，启示了人类创造出管理的思维，人类通过效法天道，以明人事，通过顺应自然的和谐规律，以参赞天地之化育，促进人事之发展。

乾《彖》曰："首出庶物，万国咸宁。"这是强调，天自然而无为地不停运行，却保持和调整着宇宙万事万物的大和谐。天的这种品质能感化万物，普利万物，使之都找到自己应有的位置和自然化育发展；天的这种功德能感化人类，给人类社会带来普遍的康宁。而就人类效法天道看，"首出庶物"启示了人们对物资生产管理的智慧，以促进物产丰富，经济繁荣；"万国咸宁"启示了人们对社会治理的管理智慧，以促进政通人和，天下太平。

三

启悟人们积极入世的奋斗思维

《周易·乾·象》记载"天行健，君子以自强不息"。乾卦的阳健之象，启示人们要自我发奋，自我努力，以达自强而不息的境界。因为，健运之道是人间正道，所以人类实践它、效法它，是实现人类社会永续发展的前提条件。易经认为，只有走在人间正道上，人类才能与宇宙天地相融相通，才能在天地之中立足。可见天道、人道本是一体，天人本是合一，所以天道无处不在，天道就在每个人的自身。乾道"元，亨，利，贞"四个简单文字，逻辑关系却层层紧扣，把握初元，则可亨通；万事亨通，则有利正贞，这个"贞"蕴含着"中正，正道"的意思。所以，乾元大道就是正道，人类效法天道就是在行走正道。

如何走好人间正道呢？首先，要做到自强。自强需要自身的力量源泉，而这个力量源泉就来自天道。俗话说"无欲则刚"，此话间接地借用"乾天大道"的正德来阐述人类个体的积极入世行动，强调一个人如果能如同天道一般无私无欲，那么此人便拥有无穷无尽的"刚正力量"，外界任何事物都不能动摇他，那么他将在人类社会的构架之中始终把持公道正派的强大内心，其为人处世就能做到刚正不阿，而且勇往直前。这实质是说每一个人只要能够弥合乾天之道，便能做到自强不息。

其次，要效法天道的自然品质。老子《道德经》指出"道法自然"，道的最大特点就是自然。天道也不例外，"云行雨施，品物流形"，这种天道的变化就是自然状态，大千世界生生不息的景象也是自然的状态。所以，人类要效法天道，发奋图强，要学习天道的自然品质，使"自强不息"的实践成为每一个人的自觉行动。乾卦《象》传强调"自强"是指自我奋斗，是发自本心而不受任何外来诱惑、压力影响的自觉行动，因为只有这样的"自强"，才可能达到"不息"的境界。如果为了诱惑去奋斗，那么诱惑满足了，奋斗的动力就不存在了；如果为了外在的压力去奋斗，那么当压力解除了，奋斗的动力也一样不存在了。所以，自外而来的动力，不能成为永恒奋斗进取的动力。

再次，要学习天道所涵养的空虚、笃静的品德。易经认为，天道以虚静、恬淡、寂寞、无为的势态在永不停息地运转，这是天道体现的大德。如果天不空虚，哪能容下许许多多的星辰？如果天不笃静，哪能听到天籁之音？所以，人类要做到自觉的发奋图强，就要时刻记住天外有天、人外有人，自强勉励，始终保持谦虚守静的态度，以"笃行"的意志，做到"知行合一"，并将这种意志修炼为人类个体的自觉行动。

四

指引人们积极入世的人生态度

易经的健运之道是天道的体现，它以乾卦为载体，以六爻卦符的变化，揭示宇宙世界万事万物从初元至正贞的全过程，这个过程总是变动不居，周流六虚的，但其运动的规律总是亘古不变的。其实，我们的人生何不如此呢？每一个人的人生轨迹都是起伏不定、各具特色的，但是不论你多么光彩伟大，也不论你多么悲哀渺小，生命总是围绕着"生老病死"而终其一生，亘古不变，这就是健运之道指引着我们人生行径的智慧。

人生话题，历久弥新。不同的个体，对自己人生有不同的认识，人生阅历都不一样，有人少年得志而老年惨淡，有人少年艰辛而大器晚成，但都离不开易卦爻象这短短的"六画"人生，乾卦龙象从初爻至上爻，呈现了"潜、见（现）、惕、跃、飞、亢"六种状态，这恰如人生发展的六个阶段，人人如此，只是每一个人所经历的各个阶段周期不一样，格局不同而已。所以，每一个人只要按照乾卦爻象蕴含的人生智慧，一步一个脚印努力实践，就能在你的人生历程中，趋吉避凶，逢凶化吉，创造属于你的独特人生。

初九"潜龙勿用"，这正是设喻人生刚刚起步，从儿童至青年，需要立志高远，学习修炼，掌握为人处世和生活本领的阶段。这个阶段不是崭露头角的时候，而应该像潜龙一样，潜伏修炼，集聚能量，不可乱作为。所以，潜龙阶段最重要的人生启示是"勿用"。

九二"见（现）龙在田，利见大人"，此时之龙已开始行游田野，初露端倪，如果能够遇到"大人"的提携帮助，那么就一定能获得成功和赞誉。这是设喻人生的道路已经进入了青年时期，就好比现在青年，大学毕业了，可能参加工作了，如果这时能够找到适合发展的平台，借助平台优势，就能充分施展自己的才华，做出一番业绩。所以，见龙阶段最重要的人生启示是"利见大人"。

九三"君子终日乾乾，夕惕若厉，无咎"，进入九三，虽然有九二积累的功业，然而这时不同的声音、非议也随之而来，自然而然进入困境。此时，只有终日勤奋，戒惧反省，才能没有灾祸地度过艰难处境。这就是设喻人生已进入了壮年时期，好比一个青年人参加工作已有数年，获得赞誉和创造的业绩已经有目共睹，众人皆知。可恰恰是在这个时候，身边的批评声也越来越多，外围不满情绪随之而来，身处这样的环境，唯有谦逊处世，低头反省，才可以渡过难关。所以，惕龙阶段最重要的人生启示是"终日乾乾，惕惕若厉"。

九四"或跃在渊，无咎"。通过九三阶段在困境中勤奋克己和戒惧反省的历练，人生已进行了成熟的中年期。此时不论是自己的专业水平，还是社会阅历都有了很大的积累，具备更上一层楼的条件，但是如果时机不成熟而贸然行进，那么必然有风险，因此最佳的选择是下沉深渊，继续聚集能量，等待机会。所以，跃龙阶段最重要的人生启示是"适时而行，或跃在渊，或跃在天"。

九五"飞龙在天，利见大人"。经过九四阶段的深潜、等待，时机已然成熟，即可一飞冲天，万事皆吉，如果此时又有"大人"的扶持，那么必登高位，达到人生的完美制高点。这就是设喻人生已过中年，完全具备独当一面的本领，可以大展拳脚，如果有更高的平台（利见大人），那么定能身居高位，担当一方大任，这个阶段是人生的最辉煌阶段。所以，飞龙阶段最重要的启示也是"利见大人"。

九六"亢龙有悔"。经过九五至尊阶段的才能施展，已身居高位，此时将是高处不胜寒，若仍亢奋，则必有悔恨。这就是设喻人生发展到高点要防范"物极必反"。此时，唯有如履薄冰，居安思危，压制锋芒，保全自己，才不会在人生的终点站成为"亢奋之龙"而终于悔恨。所以，亢龙阶段，给我们的最大启示就是"思危，自损，不亢"。

在中华民族五千年的文明史中，自觉践行乾卦六画人生的仁人志士，比比皆是，不胜一枚举。孔子说："吾十有五而志于学，三十而立，四十而不惑，五十而知天命，六十而耳顺，七十而从心所欲不逾矩。"（语出《论语·为政》）这是孔圣先贤对自己一生高度凝练的写照和人生经历的深刻总结。

综观圣人的一生，从懵懂小孩到十五岁立志"做学问"，三十年潜龙，集聚能量，积累智慧，为见龙的到来做好充分准备。三十而立之年，孔子遇见了"大人"齐景公，从此开启了他"见龙在田"的圣贤之路的第二段人生。公元前515年（时年孔子三十七岁），齐国的大夫见孔子受齐景公的赏识和厚待，而一直想加害孔子，孔子只好仓皇逃回鲁国，失去齐景公的扶助，寓示着孔子的人生进入了惕龙阶段，只得"终日乾乾，惕惕若历"，以求"无咎"，用孔子自己的话说就是进入了"四十而不惑"的阶段。公元前504年（时年孔子四十八岁），经过十一年的惕龙阶段的人生起伏漂泊，孔子选择辞去一切仕职，退隐而修著《诗》《书》《礼》《乐》，众多弟子跟随他学习，回归了他"志以学"的初心，开启了他"跃龙"阶段的圣贤之路，用孔子自己的话就是进入了"五十而知天命"的阶段。公元前497年（时年孔子五十五岁），经过八年"跃龙在渊"的积淀，他开始了周游列国的伟大创举，进入了人生最光辉的"九五至尊，飞龙在天"阶段，为推广他的思想学说，他利见多位"大人"，虽没有得到别人的认可，但用孔子的话说这是进入"六十而耳顺"的人生阶段，一切在于"我心光明"。公元前484年（时年孔子六十八岁），孔子结束十四年的周游，重回鲁国，标志着圣贤之路上的"飞龙在天"阶段的结束，进入了人生终极阶段的"亢龙有悔"，这一阶段，孔子专心执教，研《周易》，修《春秋》，孔门弟子遍天下，不再亢奋，免于"有悔"。

晚清中兴名臣曾国藩传奇的一生，也无不反映在乾卦爻象的六画爻辞中。曾国藩本为一介书生，却能团练湘勇，统率湘军，一举攻克南京城，消灭太平天国，为清廷立下汗马功劳，将自己的人生推高至"飞龙在天"的九五至尊之位。此时，许多曾门士子和湘军将领，甚至历来与之不和的左宗棠和湘军第一猛将的九弟曾国荃，都以不同的方式进谏曾公乘势起兵，推翻腐败无能的满清政府，问鼎中原，黄袍加身。但是曾国藩深知"飞龙在天"之后，是"亢龙有悔"。所以，他不但没有起兵造反，反而主动裁减湘军一半，劝诫九弟曾国荃弃官告老还乡，以"自损"的方式保全自己，以生前刊行《家书》的妙法藏闭锋芒，最终实现了"立言"于后世的人生境界。可以说，曾国藩一生的旅途都是对乾卦爻象的六画人生的生动实践。

然而，在我们的现实生活中，许多家长生怕自己的孩子输在起跑线上，从小就让其背上沉重的学习任务，强制其学这学那，刚刚有一点儿起色，就参加这个比赛，那个选秀，急于崭露头角，以满足家长的虚荣心，实则是害了孩子。在孩子人生的第一关潜龙阶段，就断送了孩子的天性，又哪能引导好孩子的人生之路呢？伟大的孔圣先贤"十有五而志于学，三十而立"，在潜龙阶段整整用了三十年；晚清中兴名臣曾国藩从一个笨小孩成长为圣贤之人，其人生的起步阶段仍是一步一个脚印地积聚智慧，他曾二进科场而不第，最后三进科场才一举成功，时年二十八岁，在潜龙阶段整整用了二十八年。

今天的我们，如果能够从易经健运之道中体悟到人生行径道路的大智慧。那么，我们的人生道路将不再迷茫，走出荆棘便是满地鲜花。

第十九章　厚德的修行观

厚德之道是坤卦卦德所体现的易道，就是地之道。易经认为，地道宽厚广博，柔顺谦卑，承载万物。人类效法地道，就是要学习坤德宽厚广博的特质、柔顺谦卑的品质、承载万物的肚量，以培养自己宽广的胸怀、虚怀若谷的品质和雅量容人的为人之道。笔者认为，通过学《易》，从厚德之道中启悟人生，能够构筑人们正确的修行观。从某种意义上说，人生就是一次修行，怎样完美地走过你的人生之路，每个个体都有不同的看法、不同的认知、不同的感受，这都体现为易经所释的变易的特点。然而，在每个个体不同的感知过程中，人生修行总有不变的规律，那就是厚德之道给我们的启悟。

一

引领人们塑造完美人格

人格是一个人与社会环境相互作用表现出的一种独特的行为模式、思维模式和情绪反应特征，具体表现在思维能力、认识能力、行为能力、情绪反应、人际关系、态度、信仰，尤其是道德价值观念等方面。从心理学角度讲，人格包括两部分：性格与气质。性格是人稳定个性的心理特征，表现在人对现实的态度和相应的行为方式上，这个是与生俱来的，改变的难度较大。而气质则是后天的，是可以培养的，易经厚德之道启迪人们，个人气质的培养从效法地道开始，要在不断塑造自己犹如大地一样的宽厚和顺之态中，增厚自己的品德修养。坤卦《象》传讲"地势坤，君子以厚德载物"。只有先厚德，方可载物，如何做到厚德呢？最重要的是人格的塑造。中国传统文化对人格的塑造，就是要求君子要集"孝、悌、忠、义，礼、智、信、诚"等诸多道德于一身，真正达到"厚德"的境界。

笔者认为，人格气质的培养最终要通过人的心理活动和行为模式予以展示，或者说气质是赋予生命体独特的性格光泽，让别人一眼就可以识别。而这种气质的塑造是从人们的内心深处开始的，是人类自觉的过程。如何进行人格气质的塑造呢？厚德之道启示我们首先要培养渐进的思维方式；其次是要善于纠邪念、正品行；再者是要善于涵养气质；最后是懂得甘于处下，谦虚卑弱。

坤卦初爻"履霜，坚冰至"阐释了时令变化的气象，给人们带来了一种思维方式的启示，即事物的发展是一个渐进的过程，高尚的人格塑造，不是一朝一夕，一蹴而就的，而是渐进的修行过程。《周易·坤·文言》记载："积善之家必有余庆，积不善之家必有余殃。臣弑其君，子弑其父，非一朝一夕之故，其所由来者渐矣。由辩之不早辩也。"这里强调人性的形成，不是一朝一夕的事，一定是一个渐进的过程。如果不从小事着手，不从苗头处着手，而任凭人性的发展，那么什么样的结果都会有。其实，在生活中，当我们看到叶落，就应当想到寒霜将至；当我脚踩薄霜，就应该想到坚冰已离我们不远了；当我们踏雪履冰时，应当想到春暖花开的季节就要到来。这是一种天道的运行规律，看似很简单，很自然的过程，但是却有很多人在茫然的生活中，没有察觉到这种自然的规律。因此，坤卦的初爻就启发人们，要从事物细节观察开始，来判断事物的未来发展趋势，告诫人们善于在做事之初，思考细节，谨慎开始，见微知著，防微杜渐。这种坤德思维正是塑造高尚人格应具备的第一思维方式。

《周易·坤·文言》记载："直其正也，方其义也。君子敬以直内，义以方外，敬义立，而德不孤。"这就是说，地道所具有"正直"的品德是启悟人们存于内心的正直，纠正心中的邪念；所具有的"中正"的品德是启悟人们规范自己的行为，端正自己的品行。如果人们在自己的人格塑造过程中，能够通过敬畏、谨慎的态度来矫正思想上的偏差，用道义、正义的原则来规范行为上的悖乱，那么地道所具有的正直、方正的品德就能树立起来了，而这样的品德必将产生广泛的影响，不会处于孤独。可见，塑造高尚人格要从内心修为和行动实践两方面纠正存在的不足，以正真达到"正直、方正、广博"的境界。

坤卦三爻的"含章可贞"则是强调大地的广袤博大、承载万物的品质，启示人们在塑造高尚人格过程中，要注重涵养自己的胸怀和度量。换言之，就是雅量容人。俗话说"宰相肚里能撑船"，这其实就是坤卦容载万物品德的写照。易经强调，如果人们在生命历程中重视品德修养，使自己的德行得到不断的增厚，那么就能像大地一样能容养万物。在人类社会的大家庭中，每一个人都是独特的，有聪明的，也有愚笨的；有强壮的，也有弱小的，人与人之间终究是有差别的。这就如同大地，地势总是有高有低，土壤总是有肥沃的也有贫瘠的。但是涵养自己的道德，就要像大地这样宽厚，无论是聪明，还是愚笨，无论是肥沃，还是贫瘠，都给予包容和承载。

这是塑造人格过程中提升格局的必备条件，如果你没有广阔的胸怀，哪能容下不同的声音和不同的意见呢？又何谈你的格局呢？所以，人们要塑造高尚人格，厚德之道强调的"涵养"和"容载"的品质培养是非常重要的。

坤卦四爻的"括囊，无咎无誉"、五爻的"黄裳，元吉"，则是强调坤德甘于处下、谦虚卑弱的品格。这就启示人们，在人格塑造到达一定高度的时候，必须谦虚卑弱。因为，当你处于高位之时，来自外界的干扰就成倍增加，如果你依就飘飘然，那么就很可能一落千丈。这时候最需的是"括囊"和"黄裳"的品质。括囊就是扎紧你的袋子，谨慎自守，谦虚自恃，不在乎外在的咎与誉；黄裳就是主动处下，以柔顺之德，顺势而为，不可冒进。老子在《道德经》里讲："大国者下流……大国以下小国，则取小国；小国以下大国，则取大国""水善利万物而不争，处众人之所恶。"这些都是主动处下的表现。俗话说"天外有天，人外有人"，在社会生活中，无论你位居何处，都须时时刻刻把握厚德之道"括囊"和"黄裳"这两道防线，只有这样才能成就你的出彩人生。

二

引领人类社会人文特质的形成

儒家思想强调：人与动物的根本不同在于人类追求精神生活，主张向内寻求生命的根据和快乐的源泉。只有精神的充实和道德的追求，才能体验由内而外的快乐与幸福。中国传统文化中推崇的"孔颜乐处"，就使人在道德实践中体会真正的充实和富足。中华大地上许多富有生命力的传统道德如正义、诚实、信任、宽厚等，已构成了中华民族恒久的道德情怀，使人有尊严地生活，使中国以"礼仪之邦"享誉世界。厚德之道强调的就是以德为先的修为过程，大地以柔顺和谐、博大宽广之性承载万物，以宽厚处下、无以争纷之质育化万物，其所体现的气质是"含弘光大，合德无疆"。所以，地道给人类最大的启示是人类德行的培养，而这种道德情怀的塑造，实质是一种文化精神的体现。在当今社会，受西方价值观念的影响，功利、庸常、浮躁成为一些人的生活写照，物质生活提高之后，人的幸福感并不一定增加，这说到底是由于道德缺失而造成的。因为，道德能够让人有尊严地生活，能够让人感受到人际和谐和受人尊重的欣慰。坤道"厚德载物"的思想，能够培养人们的仁爱之心，使人克制人欲、减轻自私自利之心，如大地之宽厚广博，爱他人、爱社会、爱人类，以承载万物。

三

引领人们锻造将才气质

何为将才？将才是相对于帅才而言的，就是处于辅助、辅佐、配角角色的人才，在古代将才多指宰相、大臣。用现代通俗的话说，"将才就是"下属""配角"等。如何当好下属，做好配角呢？笔者认为，当好助手，做好配角的人生智慧就蕴含在易经厚德之道中。如果人们能够按照厚德之道指引的方向，去努力实践，那么就能当好配角，同样创造出彩人生。易经强调"物以类聚，人以群分"，人类是一个群居的高等动物，人类社会组织是金字塔的形式，位居塔顶的总是少数，如果每个人的修行之路都向着塔尖而去，那么必然是多败俱伤，是不可能实现的目标。因此，做好塔基、塔腰中的一砖一石同样重要，而且这才是大多数人的修行之路。下文以现代社会的职场为例，诠释坤卦锻造"将才"的六大阶段，体会厚德之道的人生大智慧。

第一阶段的"履霜，坚冰至"启示人们，当你的脚踩到薄霜的时候，就要想到冰冷的冬天就要来了，这时就需要提前做好抗寒的准备。这种见微知著的思维，对于当今社会职场中下属或助手，特别有意义。这就是说，如果你初入职场，必须具备细心观察，谨慎行事，虚心学习的职业基础，在此基础上应对公司事业发展动向，有高度的敏感性和警惕性，有敏锐的洞察力，能够根据周围的形势变化，适时调整自己的工作思路。只有这样，你才能成为职场上一名成功的入职者，为自己打造为"将才"的人生道路迈出了第一步。

第二个阶段的"直方大，不习无不利"启示人们，应当涵养正直中正、刚正不阿、光明正大的品质，那么即使身处逆境，也能行稳致远。在现代职场中，就是要求人们要坚定立场，办事公正，即使有不同意见，也不能违背内心的立场和公正的原则，而应敞开胸怀，广泛听取不同的意见，进而修正调整自己的思路。即使一时处于逆境，但最终都能够顺利度过。其实，在当今社会的职场里，很多人在刚刚入职的第一阶段，往往能够兢兢业业，如履薄冰，但一旦小有成就后，就容易得意忘形，而进入"不习"的状态。殊不知，你的一切都是所在的平台给的，如果此时你不是光明正大、坚持原则，而是打起自己的小算盘，那么你随时可能被替换。所以，在职场的第二阶段，一定要做到"我心光明"，永远铭记做好工作是你的本分，只有这样，你的职场之路才会越走越远，越走越宽。

第三个阶段"含章可贞，或从王事，无成有终"启示人们，在职场上已经走过两个阶段的职业人，你的经验一定越来越丰富，能力一定越来越强大，水平一定越来越高。这时，就需要你更加小心谨慎、更加内敛谦虚、更加低调包容。一定要具备"含章"的品质，讲话都要先"含"在嘴里，合适而发，言多必害；功力要"含"在胸中，因时而发，锋芒露必被拔；智慧要"含"在心里，因需而用，滥发必愚。这个阶段最重要的是不显山，不露水，养精蓄锐，韬光养晦。更应顺从老板的旨义，去完成功业，出现自己的想法与老板不一致时，一定要调整自己，"或从王事"。只有这样，即使这个阶段你表现的没有任何功绩，但最终仍可得到老板的赏识而有始有终。

第四阶段"括囊，无咎无誉"启示人们，在职场上已经走到接近六五高位的四爻位置，这时候作为下属可以做的就是将你的一切功绩、能力、水平、经验和积累的智慧装到袋子里，并把它扎好。不管外界给你非议，还是给你赞誉，都当作耳边风，做到大智若愚，无欲无求。因为，身处这个阶段，离至尊的六五最高位只有一步之遥，这时往往不利的因素在积聚增加，只有你守口如瓶，扎紧自己的袋子，不求获得赞誉，则可保全自己，时机一旦成熟，进入六五尊位则已成自然。

第五个阶段"黄裳，元吉"启示人们，在职场上你已到达了六五至尊的高位。在此阶段，身处高位，应坚守正道，学会适可而止，应心胸宽阔，礼贤下士，自处卑位。前文已述，"黄"为土色，土居中央可以寄旺四方，从职场上看，"寄旺四方"就是统筹协调各方，身处这个高位，已是一人之下，万人之上了，在这个层级，最重要的不是自己去做什么事或者发表什么自己的见解，而是要在坚守公司的发展战略基础上，更多地礼贤下士，协调各方，充分调动团队力量，集思广益，做到"有所为，有所不为"，以推动战略目标的实现。"裳"为柔顺、处下，职场上已处六五高位，这时更要从内心深处时刻警醒自己，乐知天命，已为"将"，要适可而止，切不可越雷池一步，要深知"山外有山，楼外有楼"的道理，始终顺承"王"的旨意坚守中正之道。在行动上，要主动放下身段、自处卑位。只有这样，你的"将才"之位方可自始至终吉祥（元吉）。

第六个阶段"龙战于野，其血玄黄"启示职场之人身居高位，要懂得卑弱自守，切不可欲望膨胀，这个阶段把持不住，就会出现喧宾夺主、晚节不保的局面，那么必将是双龙交战，两败俱伤。俗话说"伴君如伴虎"，已身处相位，就应该懂得"君臣之道"，做到"宰相肚里能撑船"。历史上，臣子与君主反目成仇，必将引发兵变、叛乱，给黎明百姓带来灾难的例子不胜枚举；而观今日之职场，公司内斗，则给企业造成重大的震荡，以致两败俱伤的例子也是比比皆是。这说到底，就是有些人不甘于当"将才"，待到自己升至高位时，欲望膨胀，目中无人，不懂得"龙战于野"的道理。

在现实生活中，很多人不愿做下属，当配角。其实，丰富多彩的人生，鲜花是需要绿叶点缀，甘做绿叶的人往往比鲜花更持久、更有耐性，鲜花或许获得很多赞誉，但也未免昙花一现的结局，而绿叶虽没有鲜花的光彩鲜艳，但恒常而留，其价值则不会低于鲜花。所以，易经厚德之道为我们的人生修行路径又开辟了一条豁然开朗大道，当我们身处人生的低迷期，何不掉转头来，思考一下大地的坤德，按照厚德之道指引的人生路径仍然可以"出将"噢！

第二十章 交感的处世观

易经的交感之道告诉人们，阴阳是宇宙万物之源，阴阳育化宇宙万物的基本手段就是"交感"。而人类和人类社会作为宇宙万物的一员，其产生、发展、进步当然也离不开阴阳的育化。但是，人类作为万物的灵长，除了与普通生命体有着共同的"生、老、病、死"的生命规律外，还以其特有的伦理道德和自身构建的社会规范区别于其他事物。所以，作为人的生命来到世间，与其他生命来到世间则完全不同，人命受人类特有的伦理道德和人类社会的规范，受人类特有的人文精神的制约。笔者认为，易经交感之道所蕴含的深邃方法论和育化规律，正是人们在处世过程和社会治理过程的最高智慧。

一

引导人们认识阴阳育化万物的方法论

在《阴阳之道》章节已述，宇宙万物是天地合气的结果，是天生地养的结果，是阴阳二气不断制化的结果。但阴阳二气如何制化而生育万物呢？就是通过阴阳二气的互相交感，这个"交感"的过程体现在阴阳二气的相互作用、相互推摩、相互鼓荡中。可见，阴阳交感是育化万物的具体方法。易经认为，人类作为宇宙万物的一员，其产生当然离不开阴阳的育化；但是人类作为万物的幽灵，又以其独特性区别于其他任何物种，最明显的表现就是人类有社会伦理观念。所以，我们将从宇宙成生观和社会伦理观方面，感悟交感之道蕴含的深邃的人生智慧。

《周易·序卦》（上篇）开宗明义地说："有天地，然后万物生焉。"这就是说天地是万物产生的根源，但是天地如何成为万物的根源，在《周易》阐释天地的乾坤两卦中并没有明确的说明。《周易》将天地置宇宙之源，独设《文言》传，对乾、坤两卦蕴含的天地之大道进行深邃阐发，但此二卦对天地如何成为宇宙根源，没有直接的解释。那么，阴阳到底如何进行制化呢？《周易·咸·彖》记载："天地感，而万物化生。"可见，咸卦《彖》传对天地化生万物做了明确的说明，就是天地以"存在之体"形成对立，天在上，地在下，这二者之间通过阴阳的相吸相推、相摩相荡，相互交感作用，而使宇宙万物生发。所以，宇宙生成的本质是阴阳的交感过程。

《周易·序卦》（下篇）开篇就说："有天地，然后有万物。有万物，然后有男女。有男女，然后有夫妇，有夫妇，然后有父子。有父子，然后有君臣。有君臣，然后有上下。有上下，然后礼义有所错。"东晋玄学思想家韩康伯[①]所著《周易注解》记载："咸，柔上而刚下，感应以相与，夫妇之莫美乎斯。人伦之道莫大乎夫妇，故夫子殷勤深述其义，以崇人伦之始，而不系之于杂也。"很明显，韩康伯结合易经咸卦的卦象和《序卦》下传的这段论述，将交感之道进一步阐发，并上升为社会伦理观的形成。在韩康伯看来，夫妇是最大的人伦之道，有了夫妇，人伦才有开始的可能性。而人伦是社会伦理观念的一部分，所以才有了《序卦》中所谓的夫妇、父子、君臣、上下等社会形态的范畴。而且这种人伦之道还必须长久保持，所谓"夫妇之道，不可以不久也"，故受之以恒，恒者，久也。这里讲的男女、夫妇、父子、君臣、上下等关系，其本质就是社会伦理关系。可见，社会伦理观念起源于男女的阴阳交感而形的夫妇。这一点非常重要，阴阳交感如果不能形成"夫妇"，就无所谓人伦观，更无所谓社会伦理了。"夫妇"一词是专属于人类的，男女之间成为夫妇是有条件的，是受到道德约束的，是少男少女两情相悦的结果。通观易经咸卦六爻象，正描绘了一对少男少女的恋爱全过程。可见，《易经》的作者通过咸卦取象少男少女的爱情感应，来说明人伦观念的形成。这种少男少女的交感，是有爱情基础的，是两情相悦的。从咸卦的卦辞论述不难看出，在《易经》成书时代，作《易》者倡导的婚姻关系是建立在爱情的基础上，是自由恋爱的，因为只有有爱情基础的婚姻，才能够长久，才能促进社会的形成。故《序卦》中的"有男女，然后有夫妇"中的"夫妇"至少有以下三层内涵：

其一男女要有感情基础，是两情相悦的，就如咸卦爻辞所述的是少男少女爱情发展过程，才至阴阳交欢。

其二夫妇要维持恒久，白头偕老，所以《序卦》续继说"夫妇之道，不可以不久也，故受之《恒》"。

其三夫妇需要"大生、广生"，才是人类区别于其他物种，推动形成社会的重要条件。《周易·系辞上》（第六章）记载："夫乾，其静也专，其动也直，是以大生焉。夫坤，其静也翕，其动也辟，是以广生焉。"

可见，在《易经》成书时代，中国古人对婚姻观念的认识和今人的自由恋爱产生婚姻是一致的，这与两千多年的中国封建制度的

第三卷 易中启智 217

指定婚姻和包办婚姻完全不同，封建社会的包办婚姻分明是统治阶级为巩固和维护自己的统治地位，而以"三纲五常"观念对人性的强制性约束。这也足可以见《易经》之伟大矣！

二

启迪人们认识根本的社会治理法则

交感之道中的"交"，指示天下万物互通，交即通。而"通"则是社会治理的重要法则，尤其是当今万物互联的新时代，"通"已然成为维系社会发展的第一重要因素，庞大的人类社会系统，如果不"通"，则不可想象社会将如何运转。人类之所以能够构建社会，以区别于普通的物种，从某种意义上讲就是从交感之道的"通"开始的。

"通"最直接的体现是通道，道路畅通。不论是和平年代的人物通行；还是战争年代的军事行动都离不开畅通的道路。这是"通"对人类社会构建的最基本、最原始的功能。开通道路，是人类区别于其他动物的本能特点，是社会形态的一种表现形式，普通的动物基本没有道路可言，它们可以随意游动，不需要既定的路线，但人类不一样，讲究效率和功效，需要既定的路线。《尚书》记载："惟克商，遂通道于九夷八蛮。"唐代孔颖达在《尚书正义》疏解中说："惟武王既克商，华夏既定，遂开通道路于九夷八蛮，于是有西戎旅国致贡其大犬名獒。"可见，华夏版图既定，最重要的是开通至九夷八蛮的道路。所以，"通"在古代是军事行动、建国治国的最重要条件之一。反观当今社会，"通"是走向富裕，实现现代化的最基本条件，当你走出国门，不难发现，但凡发达国家，无不是构建着四通八达的交通网络,这已然成为一个国家是否发达、发展的重要标志。在国内走一走,你也能发现,凡是富庶之地,都是四通八达的交通路网,人流、物流车水马龙,所以人们经常讲"要想富,先修路",道路不通,即使有丰富的物产也无法致富。

当然,交感之道的"通"决不仅是道路畅通这一层最表象的义涵,它还包含了人类社会活动中的物与物通,如通商、通贸;事与事通,如通知、通告、资金融通、信息互通;人与人通,如交流沟通、心灵沟通、情感相通、思想共通、通达事理;国与国通,如国际交往、国际贸易、资源共享,等等。可以说,人类之所以能构建社会形态,这与"通"是分不开的,没有物与物通,则不能维系人类社会的发展,这是最基础的"通";没有事与事通,就不存在社会形态,就无所谓人类社会治理;没有人与人通,则不能构建家庭、国家,就无法推动人类的进步与发展;没有国与国通,最终国将不国,导致社会混乱。治家是建立在家庭成员相互沟通、相互理解的基础上;治国是建立在政令畅通、政通人和的基础上,而家、国是人类社会的基本构成体。所以,交感之道中的"通"是社会治理最基本的前提要素。

交感之道中的"感",指示天下万物互感交融,育化生长。"感"即感化、育化,没有"感",则万物不可持续发展。《周易·咸·象》说"圣人感人心而天下和平",这是一种典型的社会政治治理重要法则,通过感化人心以治理社会,是中国传统治国思想,尤其是儒家思想积极倡导的一种重要方法。北宋理学大师张载所著《正蒙》记载:"能通天下之志者,为能感人心,圣人同乎人而无我,故和平天下莫盛于感人心。"可见,在张载看来,实现天下和平的最好方法就是感人心,就是要做到君臣同德交感,君民同心交感。很明显,这是对《周易·咸·彖》"圣人感人心而天下和平"的进一步发扬。易经讲天下太平需要"圣人感人心"。首先要有圣人，其次圣人要能感人心，只有此二者齐备，天下太平的理想社会才能实现。反观后世儒者为之奋斗一生的横渠四句和《大学》的"三纲八目"，则不难发现，儒家思想倡导的最高治国理想就是天下太平，而实现天下太平的一切努力，在于培养圣人，进而用圣人的仁德感化天下、治理天下，则天下太平。"为天地立心，为生民立命，为往圣继绝学"这是圣人所应实践和修为的最高标准，具备了此三者，则"圣人"成，再通过"圣人感人心"，则可以"为万世开太平"。"大学之道，在明明德，在亲民，在止于至善"，这里的"亲民"需止于"善"就是"圣人感人心"的直接写照，而"格物、智知、诚意、正心、修身、齐家"都是为实现"亲民"的实践条件，这些条件都具备了，自然天下太平。可见，交感之道是治理社会，尤其是儒家思想治理社会的重要法则。

当然，交感之道的"感"，在社会治理方面，决不仅是圣人的感化。其实，在复杂的人类社会系统之中，"感"无处不在。社会活动中主客体之间的感触、感受、感想，人类交往活动中的感动、感激、感叹、感应、感悟，等等，都是交感之道在社会治理中的重要遵循和有效法则，不再赘述。

综上可见，交感之道贯穿社会治理的方方面面。人类社会是庞杂的系统，涉及内外、上下、前后、左右、男女、夫妇、兄弟、朋友、同事、同志、君臣、君民等各式各样的关系，而易经的交感之道则启悟人们，在庞杂的人类社会系统中，只有通过"交相感应"，才能使之达到和合太平。清代李道平[②]在《周易集解纂疏》中说："以人事之泰言之，则君上臣下，交相感应，乃可济养万民，阴阳有气，故天地之通以气言；上下有志，故君臣之同以志言。"所以，交感之道在强调社会治理过程，其实树立了"民为邦本"的治国思想，群臣上下交相感应，则可以济养万民，民安居乐业，志同本固；如果上下不交感，人志不同，必导致民心离散，国家动乱而亡。所以，《周易·否·彖》记载："上下不交而天下无邦也。"

三

引领现代社会万物互联的哲学基础

当今社会，万物互联。互联网、物联网、区块链、大数据、云计算、智能化，这一串串新兴词汇无时无刻不在冲击着人们的大脑神经，科技进步已无时无刻地改变着人类的生活方式，促使现代人类对祖先传承下来的一切活动法则和规律必须予以重新的定义，这必然掀起人们思想深层的思考，推动着人类固有的思维理念的深刻变化。人类如何适应现代科技进步带来的社会颠覆性变革呢？恐怕只有从哲学的高度，去寻求大智能化新时代的构建思维。恰好，中华文化中最简古的《易经》给出了答案，那就是易经的交感之道，易经强调"天地感而万物化生"。所以，从哲学的角度看，当今社会的互联网、物联网、大数据、云计算、区块链、量子纠缠等新事物的产生，是宇宙万物"交感"的结果。

互联网、物联网、大数据、云计算、区块链、量子纠缠等各个系统的构建，都是建立在物与物、信息与信息、数据与数据之间的相互联通上，而这"联通"的关键点就是"交感"，万物不"交感"，则无法联通，如果只有联，而不通，那么就失去"交感"所应有的功能和效用。人类处在大智能化的新时代，大大减少了人与人之间的面对面交感、交流；但是人类活动的信息流、物质流、资金流、文化流等，人类社会的一切活动，将通过各类网络系统，相互交感，相互通联，从而实现人类社会从传统的物理界面交感向虚拟的网络界面交感过渡。这必将是未来大智能化新时代社会的发展趋势。所以，易经的交感之道为人类构建未来的大智能化新时代的社会体系提供了哲学上的理论支撑。

大智能化新时代的社会体系，就如同一张大渔网，上面布满了无数个互相交感通联的节点。节点与节点之间交相互应，相互交感，为整个网络的发展发挥着各自应有的作用，任何一个节点都不能脱离其他节点离开这张大网而独立存在。一旦大网中的某个节点受到破坏，那么将波及其他节点，最终导致整个网络系统的破坏。而人类的活动就附于每一个节点上，在节点的交感中实现人类所需的物流、信息流、资金流，乃至一切的所需、所弃的交换和供给，从而维系这张大网生生不息，越织越大。

从哲学的思维上看，在宇宙之中有一种最高规律、概念、范畴的存在，中化传统文化称为"道"，易经称为"阴阳"。而这种"存在"统摄着一切，维系着万物的发生、发展和进步。而就大智能化时代而言，互联网、物联网、大数据、云计算、区块链、量子纠缠等都将编制在一张大网中，在这张大网里同样存在一种最高的规律、概念、范畴，引领、统摄、凝聚着这张大网的稳定、缩张、拓展，从而使这张大网通畅无阻，无所不在，无处不用，这便是"交感"的规律、概念、范畴。

四

奠定中医理论的基石

易经认为,宇宙万事万物是阴阳交感交合的结果,人也不例外。任何一个生命个体维持其生命的过程,都是阴阳交感运动的过程,这个阴阳交感过程是以"气"的形式进行的。中医认为,人体就是一个小天地,既然天地阴阳二气不断地升降运动而至氤氲交感,那么人体内的阴阳二气也是在不停地升降出入运动中相摩相错,相感相应。天地阴阳二气的升降交感,维系了宇宙万物的有序产生与发展变化,人体内的阴阳二气的升降运行协调,则维持人体生命过程的正常进行。《黄帝内经·素问·四气调神大论》记载:"天地气交,万物华实。"这个"气交"就是中医理论的基础。"气交"在人体内的运动形式,就如同天地之气一样,居上的脏气下降,居下的脏气上升,这种阴阳之气的升降运动是宇宙万物和生命的共同运行规律。《黄帝内经·素问·六微旨大论》记载:"气之升降,天地之更用也……升已而降,降者谓天;降已而升,升者谓地。天气下降,气流于地;地气上升,气腾于天。故高下相召,升降相因,而变作矣";又载"出入废则神机化灭,升降息则气立孤危"。《黄帝内经·类经附翼·医易义》说:"天地之道,以阴阳二气而造化万物,人生之理,以阴阳二气长养百骸。"《医源》也说:"天地之道,阴阳而已;阴阳之道,升降而已……一身之内,非阳伤则阴损。阳伤者不升,阴损者不降。不降不升,而生生之机息矣。"这些论述无不是在说明阴阳之气运动对维持生命运动的重要作用。可见,易经的交感之道,在中医理论中体现为人体内的阴阳二气的升降协调、相摩相错、有序运行的交感过程。只有这样,才能推动机体的新陈代谢,维持人体的生命进程；若人体之气的升降出入运动失调，则人体进入疾病状态；若升降出入运动停止，则标志着生命过程的终止。所以，中医最讲究"通气通精"。

中医治病的机理就是调整人体内的阴阳平衡，使阴阳二气交感达到合和的状态。这与西医的治病观点完全不同，西方注重从病根上寻病因，既然是有害细菌、病毒大量繁殖而导致人生病，那么就采用现代物理（如手术刀）或化学（化学药品）的手段把他们全部移除或杀死，从而把病治好。这看似非常合理，殊不知人体是一个系统，你在移除或杀死有害细菌或病毒的同时，也破化了人体的完整统一，也将有利于生命健康和免疫的人体细胞和微生物一并移除或杀死了，从而威胁了生命的进程。而中医将人体看作一个有机系统，通过调节其中的阴阳之气的运动，而达到人体系统的自我平衡，从而克服病痛。例如，在中医里，心主火，肾主水，而五行的理论告诉我们，火曰炎上，主阳气上升；水曰润下，主阴气下降。这阳气上升，阴气下降，阴阳二气不交感，就如《周易》中的否卦，天地阴阳不交，故而将产生疾病。那么，中医通过针灸，在脚板心的涌泉穴处，把心火往下引，而把肾水往上腾，这就相当于人为地制造了一个火下水上的场景，使心火之阳气与肾水之阴气相互交感，形成《周易》的泰卦，则病痛就自然消失。通过针灸，肾水与心火得以互动交感，水得火而不再过寒，火得水而不再过旺，达到二者相辅相成，相得益彰。这就是阴阳交感在中医治病中的机理。

笔者非中医专业，对中医治病之理不敢妄加评论。但是，笔者认为运用阴阳的交感之道，采用中医的手段和技术方法，加强养身，调理身体内环境的阴阳平衡，对推进延年益寿一定是有好处的。

注释：

① 韩康伯，名伯，字康伯，颍川长社（今河南长葛西）人，东晋玄学家、训诂学家。韩伯幼年家中贫困，长大后清静平和善于思辨，用心于文艺。晋简文帝在藩镇时，引为谈客，从司徒左西属转任抚军掾、中书郎、散骑常侍、豫章太守，入朝仕侍中，后改仕丹杨尹、吏部尚书、领军将军。撰有《周易注解》二卷传于世。

② 李道平，清代经学家，字遵王，一字远山，号蒲眠居士，又称溳上先生，湖北省安陆县人，生于乾隆五十三年（1788），嘉庆二十三年（1818）举人。著有《周易集解纂疏》《有获斋文集》，现藏于安陆市图书馆。其中的《周易集解纂疏》包括对周易集解纂疏自序、周易集解序、周易集解纂疏凡例、周易集解纂疏诸家说易，以及凡例、卦气、消息、爻辰、升降、纳甲、纳十二支、六亲、八宫卦、纳甲应情、世月、二十四方位等内容，同时通过分卷形式对周易六十四卦进行注释。

第二十一章　和合的修为观

当今世界科技进步催生了人类物质文明的高度发达，但与此同时，许多人精神空虚，失去信仰，除了追求财富的增长之外，无所适从。这就导致了一方面是财富迅速增长，物质生活极大改善，另一方面却是精神失落、道德失范，造成了物质生活与精神生活的极度失衡，幸福指数大大降低。久而久之，就容易产生抑郁，甚至暴力，危害社会稳定。

人类在解决基本生存问题的前提下，到底是物质第一位，还是精神第一位呢？这或许是困扰当今社会许多人的一个重大问题。为此，当下有不少人担心自己在走向现代化的同时，却失去了精神依归，失去平和的心态，从而感叹得不到真正的幸福。如何解决物质生活与精神生活的失衡呢？笔者认为，应重拾易经的和合之道，从个人的修为开始。一方面，我们必须承认，每一个人是独特的，对"幸福"的理解不一样，"喜、怒、哀、乐"的心理感受完全在于每一个个体的自己；另一方面，人是社会人，人们不可能离开人类社会而生存。所以，当我们谈论"幸福"的时候，不能只考虑个体独特的一面，还要考虑社会的一面，而易经的和合之道就是启示人们要以平和之心看待自己，认识社会。其实，如果你的内心足够强大，哪怕物质生活差一点，你也会激情迸发，充满正能量，去迎接每一天新生活的开始。

如何进行个人修为呢？作为个体的人，在人世间无非面临着与自然、与社会、与他人，与自己这四层关系。易经的和合之道回答了这四层关系的处理原则，人与自然的和谐，需要效法天道，顺应自然规律，遵循宇宙的自然之道；人与社会的和谐，需要立志高远，"为万世开太平"；人与他人的和谐，需要修德启智，"己所不欲，勿施于人""达己达人"；人与自己的和谐，需要心性纯洁，"我心光明"。观此四者，当以自身心灵的和谐为根本。所以个人修为的重点仍然在自己，要通过人的全面发展，来协调和沟通社会发展的各个要素，最终实现人与自然、人与社会，人与人之间的全面协调发展。

一

个人修为从效法世间和合开始

易经乾卦《彖》指出："乾道变化，各正性命，保合太和，乃利贞。"这个"保合太和"所描述的就是一个充满无限生机和一片和气的和谐、统一的宇宙世界。易经认为，宇宙自然之中只要阴阳会合，形成阴阳冲和之气，那么就能够推动宇宙万事万物的自然和谐发展。"天地交则泰，天地不交则否"，天地阴阳交感和合，则通泰通达，万事万物就能生机勃勃，宇宙就能生生不息，天地阴阳不交感，则万物闭塞，最终宇宙将灭亡。个人修为就是从效法自然的这种阴阳交感开始，要培育自己与天地交感，与社会交感，与他人交感，与内心交感。与天地交感就是要顺天行事，不违背天地的自然规律；与社会交感，就是要将自己融入社会，用现在的时尚白话说，叫着"不能改变环境，就要学会适应环境"；与他人交感，就是要学会与人打交道，与人交际；与内心交感，就是要追求内心的宁静，做到知行合一。

二

个人修为从与自然和合践行

易经所描述的"与天地相参"，就是朴素的协同进化论思想，这里指出了人与自然是一荣俱荣、一损俱损的过程。如乾卦《文言》说"夫大人者，与天地合其德"，"先天而天弗违，后天而奉天时"。《系辞上》又说："乐天知命，故不忧。"这里的"乐天"，就是指顺应自然；这里的"命"，就是指天命，是不以人的意志为转移的客观规律；孔子说"五十而知天命"这个天命不是你自己，而是天之命，就是宇宙大道的客观规律，知天命就是要承认并顺应客观规律。俗话说"举头三尺有神明"，这个神明就是指示自然，就是天道；易经无妄卦的整个卦爻解释就是要求人们遵循规律，因顺自然而达无妄。所以，可以说你翻开《周易》，到处都闪耀着人类应与自然和合的思想光芒。

三

个人修为的重点在自身的和合

易经提倡"君子以同而异"，提倡"仁人"，从易经同人卦的爻象就可以明显看出，全卦六爻由初至上构成一个自同而异、自异而同的发展过程。孔子说:"和为贵",认为世间万事万物都是众缘和合而成,包括人与人,人与社会,人与自然都是如此。人类能在大地上生存发展繁衍进步,就是因为有这个"和"字。中国古人认为"和"是成就世间一切的缘起,所以,人类自始至终无法偏离和合之道。就人类社会而言,易经的和合之道就是倡导和平,因为有了"和"的基础,才有可能"平",而和平一词,互为因果,因和而平,因平而和。这样社会就能达到平等,和平,就能构建和谐社会。就人与人而言,易经的和合之道是倡导为人处事要讲究和气,就如人们平常所说的"和气生财",我们待人要和和气气,说话要和风细雨,做事要心平气和,这样就能营造和谐团结的氛围。而要做到与自然,与社会,与他人的和合,从本质上讲是要做好自己,要让自己的身体与心灵相互感应,让自己的外在行为与内心意识相互感应,协调统一,真正做到知行合一,问心无愧。要构筑身体的灵动与内心的思想的和谐统一,首先是要修养自己的德行,提高道德品质。这就是易经强调就是修行"人道",即仁与义,要从自我革命、自我纠偏的高度,时时刻刻自省,让你的心中充满正气。其次,要效法天地之道,在自强不息,努力奋斗的基础上,做到"终日乾乾,惕惕若厉",以和顺之态,涵养自己的品行,地厚自己道德,使自己达到内外和合、心灵和合、行动意识和合,真正将自己修炼成具备"仁与义"的君子。

第二十二章　中正的为人观

孟子曰："无恻隐之心，非人也；无羞恶之心，非人也；无辞让之心，非人也；无是非之心，非人也。恻隐之心，仁之端也；羞恶之心，义之端也；辞让之心，礼之端也；是非之心，智之端也。人之有是四端也，犹其有四体也。"（语出《孟子·公孙丑上》）此四心正是人类特有之标签，也是人类区别于其他宇宙种群的根本标志。正因为有此"四心"，所以就要求初生之人要在社会立足，安身立命，必须主动锤炼自己的为人之道，具备正确的为人观。

易经的中正之道是《周易》人文思想的最高道德标准，是中华民族历代仁人智者不懈努力追求的目标和践行人生道路的行动指南。不论是硕学鸿儒，还是市井草民，不论是君王将相，还是黎民百姓，体悟中正思想，培育中正思维，践行中正之道，树立正确的为人观，是易经中正之道带给人们的最大启示。

一

构建中华民族的最高道德修为标准

中正之道是一种品质的体现，它不是方法论，而是人生观、世界观、价值观，是思想意识，是人们精神世界所追求的目标。所以"中正"是道德规范，而易经更是将"中正"置于最高的道德标准，使之成为中华民族追求的核心价值观念。因为思想意识，能够制约人们的思维、影响人们的行动，所以在修养"中正之道"的过程中，就要求人们要公正无私，执中尚中，客观适度，反对"过"与"不及"。

其实，《周易》中就有许多卦都在诠释"中正之道"。以《周易》第一卦的乾卦为例，乾卦以天设象，以龙设寓，号召人们"只争朝夕，自强不息"，要向天道哪样健运不息地自强向上。初一看，这个卦是一个强健的向外求的过程，天体总是刚健、遒劲的，总是运动不止的，这给人们展示的是阳刚、刚强的一面；然而，到了第三爻，就说"君子终日乾乾，夕惕若，厉无咎"，这就强调作为君子，即使是非常勤勉努力，日夜操劳，也不能忘记时刻反省自己，加强自省自勉，慎思慎独。到了第五爻，阳爻居于尊位，既正又中，已经达到了"中正"的境界，可以君临天下了，这似乎又向人们展示了更大的刚健之态，仍然是外在的表现。但是九六爻却以"亢龙有悔"提出忠告，这是警示人们，即便处于至尊的位置，也不能忘记对守持中正之德的修行，否则物极必反，将从高位跌落下来悔恨而终。可见，表面上看乾卦是描绘天道的，是刚健向上，向外求的；而就爻辞卦义看，第一、第三、第六爻都是刚中带柔，强调了以柔克刚，方能无咎无悔。这实质是号召人们在现实生活中，时时刻刻都要牢记道德修养，时时刻刻都要警醒自己，摆正位置，坚守正道，不论你如何行动敏捷，如果不守中正，过于张扬，飞扬跋扈，最终将以悔恨而终。

在中华传统文化里，尤其是儒家思想中，持守"中正"，追求中正之德，始终是人们一生的奋斗目标。中国文字中的"上止正"就是对修行中正之道的最好诠释。生命从呱呱坠地开始，就面临重重困难，要想你的生命体不因外界的干扰和冲击而终止，必须努力奋斗，自强不息，从孩童到少年，再到青年，都需要你积极向"上"，从创业到事业稳步，再到事业发达，也都需要不断地向"上"。但是，"上"要有止尽，到了一定的阶段，就要学会"止"。"止"字正好是在"上"字中加"｜"，知止之后方能得"正"。"正"字正好是在"止"字上加"一"。这个过程恰似人生修为的三个阶段。"上"的阶段，是人在地上行走的阶段，是人的成长期，一定要向上，吸收正能量，要认识自我，改造自我，要效法天道，刚健、遒劲、运动不息，勤奋努力，自强不息，这个阶段以向外求为主，是增强本领、积累智慧的阶段。"止"的阶段，是在"上"的基础上加上一竖，这一竖可以理解为地道，指示人类要效法地道，像大地一样柔顺而广大，能容载万物，增厚品德，相比于"上"的阶段，"止"的阶段主要是向内求的阶段，是修养道德的阶段。而"正"是在"止"的基础上再加一横，这一横就是人道，是集人类修为于一生的最高道德标准，就是"中正"，就是孔子所说的"从心所欲不逾矩"的人生最高阶段。所以，人生修为是一生的实践过程，只有内外兼修，才能真正跃上"正"的阶段，才能真正将"天地人"三才融合，融会贯通。

二

引领中国人立身、立心、立行的根本

安身立命从字义上理解就是指人要有容身之所，要有精神寄托。《周易·系辞下》（第五章）记载："尺蠖之屈，以求信也，龙蛇之蛰，以存身也。精义入神，以致用也。利用安身，以崇德也。"这是"安身"

最早的成词，强调利己之用，安静其身，可以增崇其德，涵养生命。《孟子·尽心上》记载："夭寿不贰，修身以俟之，所以立命也。"这是"立命"最早的成词，强调立命是自我创造命运，而不是受命运束缚。生命面前，人人平等，不论寿命长短都得以修身为立命之本。可见，在中华传统文化里，"安身"与"立命"虽然没有出现联说的情况，但其实质都强调的修养人的道德。那么，一个人如何安身立命呢？易经认为，安身立命从秉持"中正"的理念，凝聚"中正"的品德开始，做人首先要立身中正，正道直行，光明磊落，涵养正气，如孟子所说："仰不愧于天，俯不怍于人。"（语出《孟子·尽心上》）只有这样，你才能在天地之间立足，才能顶天立地。

《周易·系辞下》（第五章）记载："子曰：君子安其身而后动，易其心而后语，定其交而后求。君子修此三者，故全也。"这就是《周易》启迪人们秉持中正之道的有效法则。

"君子安其身而后动"是强调人要立足于社会，首先就是要安身立命，然后才能付诸行动。易经认为，人类个体要以中正之道确立人生的行进航向，这是个体立足于社会的首要条件。而安身立命从安心开始，《大学》指出："知止而后能定，定而后能静，静而后能安，安而后能虑，虑而后能得。"这个"安"处于中间的枢纽地带，就是中正思想的体现。只有心安了，你才能有所思虑，有了缜密的思考思虑之后，再去做事情就一定能够有所成就。所以"安其身"就是"安其心"，这就是说以"中正"立身不能停留于口头，而要植入内心深处，达到身心一体，尔后行动，那么必能成就大业。

"易其心而后语"是强调以正直、光明的"我心"交感他人之心，是在"将心比心""知己知彼"的前提下，尔后传导你的思想、观念、主张、见解，切忌"胡言乱语""夸夸其谈"。俗话说"祸从口出""言多必失"，这些都是因为没有"易其心"的结果，易经的中正之道就是要求人们，在与人交往、交流的过程中，要做到"君子坦荡荡"，心怀坦荡，光明磊落，这样就能够与人交心易心，其语言举止就会有力量，有分量，有亲和力，有感召力。回望世俗社会，不少人却怀揣"戚戚小人"的心态，打着自私自利的小算盘，成天小肚鸡肠，嘴里一套，心里另一套，总是生怕别人看破他的心思，这种严重偏离中正思维的交往，又怎能做到"易其心"呢？不能"易其心"，那你与人交往、跟人说话的效果就只能大打折扣了。

"定其交而后求"是强调交感至和合的重要性，交感是手段，和合是结果，而中正是实现和合的思想基础和前提条件。我们不难想象，如果你没有中正的人格，你就交不到真心的朋友，那么你的人际关系就不可能稳定，而不稳定的人际关系，就求不到理想的结果。这就好比说，在马路上见到一个不认识的人，你对他说："借我两千块钱。"对方怎么会理睬你呢？可是对方若是你多年交往的好朋友，或许看你拮据的样子，你还没张口，他便已伸出援助之手了。《系辞》在这里言引孔子语续继说："无交而求，则民不与也。"这就是强调在国家治理过程中，君王树立中正之道的重要性，作为君王要实施仁政，首先是君王自己要光明正大，心中坦荡，以"圣人感人心而天下和平"的志向，心怀百姓，体察下情，这样君王所实施的政策就能福祐天下百姓，为百姓带来福祉，那么君王就能得到百姓的支持，取信于民，百姓不但会主动执行政策，在君王遇到困难时，还会全力帮助。

可见，中正之道是易经人道思想中"动""语""求"等各种行动方式必须遵循的基本法则和规范。只要你以中正之道立身，以中正之德立心，以中正之性立行，那么你的人生一定精彩出色。

三

指引中华民族人生航向的正确标杆

中正之道理解起来容易，做起来却很难。因为守持"中正"是在变化之中寻找到"时中、位中"。不论是时中，还是位中，不是掐头去尾取中间那么简单，而是需要因时、因势，在变化之中把握好"度"。《中庸》指出："天下国家可均也，爵禄可辞也，白刃可蹈也，中庸不可能也。"这是说国家之均、爵禄之辞、白刃之蹈，这些看似很难做到的事，通过努力是可以实现的，但中庸基本不可能做到。这分明是在说把握"中正"的极大难度，不是随随便便就可以做到。

易经节卦初九说："不出户庭，无咎。"其《象》则说："不出户庭，知通塞也。"而九二则是："不出门庭，凶。"其《象》则说："不出门庭，凶，失时极也。"从节卦这两爻对比不难看出"因时而动"的重要性。中正之道强调的"适时"，实质是就把握时机，就如艮《象》所说的"时止则止，时行则行，动静不失其时，其道光明"。

那么，如何才能做到时行则行，时止则止呢？古人认为重要的是"明时"，懂得"与时消息""以时偕行"，从察时开始，对时有所了解、有所认识，尔后行事，那么就能够达到"中正"的目标。《周易·观·象》记载："观天地之神道，而四时不忒""圣人以神道设教，而天下服矣。"这是强调通过仰观大自然天象的神妙运动，就能感悟时空四季交替分毫不出偏差的道理。《周易·豫·象》记载："天地以顺动，故日月不过，而四时不忒。圣人以顺动，则刑罚清而民服。"这是说天地顺乎时而动，所以日月运行不失其度，四时更替不出差错。而圣人以中正之德，顺乎天时而动，就能达到刑罚清明，而万民服从。《周易·丰·彖》记载:"日中则昃,月盈则食,天地盈虚,与时消息,而况于人乎,况于鬼神乎?"这是说天地之间的盈满亏虚,都随着时间或消或息地变化,更何况人呢?何况鬼神呢?通观《周易》全文,类似对"适时"的阐释还有很多。可见,古人通过观察天地自然气象,以获得对"时"的认识,进而指导人类的行动,规范人类的行为。

回望当下,在我们的生活中,就有一些人不识时,不明时,逆天道而言,而背离了"中正"的航向。例如昼夜更替,日升而作,日落而息,这就是天道的法则。然而,现实生活中却有不少人违背天道,日落而息之时歌舞升平,日升而作之时呼呼大睡。这种与天道相悖的不良习惯,久而久之,则身体就出现了问题。俗话说"识时务者为俊杰",之所以为俊杰是因其识时务,时行则行,时止则止,动静不失其时。

其实,每个人只要有正确的"中正"定位,那么你的人生航向就有了准尺,就有了标杆。当然,这个"定位"从大方面讲是宇宙时空之位,从小的方面讲是人的内心之位。只有准确定好这个位,并在这个位上行事,做自己应该做的事,就能保持自己的人生航向不偏不倚,感应宇宙天地之位,顺应自己内心之位,永续前行,创造出彩人生。

第二十三章　损益的治世观

个体生命来到了这个世界，就面临着治世问题。因为人类是群居动物，在这个特别庞大的群体之中，人类运用特有的思维方式和思想意识，构建起维系这个庞大的群体持续发展的社会形态，形成了人类社会。那么，如何进行社会治理呢？易经通过对损益之道的阐发，为人们揭开了人类社会治理、处理人际关系、为人处世的正确道径，启示人们在自己的人生历程中，如何树立正确的治世观。

一

引领社会规范的形成

在"三才之道"章节，我们说过"王者之道"应具备上知天文、下察地理、中通人事的横贯三才的本领，这里的"中通人事"就是建立在学习、效法天地之道的基础上，所以易经讲的效法天地之道的目的是以立人道。一个具备"王者"风范的人，除了能够上观天文，下察地理之外，最重要的是在他的人道思维中，能够贯彻天地之道的思想，通达天地，通达人际。通达天地是品德修为的过程，是人生观、世界观的锤炼，这需要通过通达人际的具体行动予以呈现，在社会活动中的表现形式予以体现，这就是塑造"王者"风范的重要原则。

益卦《象》传所说的"损上益下，民说无疆，自上下下，其道大光"直接反映了为君之道必须遵循的治国安民的重要法则，这也是为政者具备"王者"风范的直接体现。益卦《象》强调：通过减损君主的财物，而增益百姓财物，使百姓安居乐业，那么百姓自然就无比喜悦，这就是为君者必须实施的安民政策。而且实施这种政策必须是为君者发自内心、真心实意的行动，而不是做做表面文章，需要为君者以谦卑的态度礼敬民众，听取他们的意见，关心他们的疾苦。只有这样，为君者所实施的仁政，才能发扬光大，天下自然也就长治久安。

损益之道是人们修养为政之德的重要法宝，在老子《道德经》中也有详细的阐释。《道德经》第七十七章有云："天之道，其犹张弓欤？高者抑之，下者举之，有余者损之，不足者补之。天之道，损有余而补不足；人之道则不然，损不足以奉有余。孰能损有余以奉天下？唯有道者。是以圣人为而不有，功成而不居也。"这分明是说，损有余而补不足是天道，只有得道的人，才能效法天道，损有余以奉事天下。《道德经》这里的"损有余以补不足""损有余以奉天下"与益卦《象》传所讲的"损上益下"道理完全一致，也是强调为君者实践损益之道的重要性。老子在《道德经》第六十六章又讲："江海所以能为百谷王者，以其善下之也，故能为百谷王。是以圣人之欲上民也，必以其言下之；其欲先民也，必以其身后。故居上而民弗重也，居前而民弗害也。"这里强调为君者"善下"的极端重要性，与益卦《象》的"以上下下，其道大光"是同样的意思。可见，《周易》与《道德经》在阐释为君之道上是一致的，都强调了在政治治理上,"损上益下"的益道是核心法则。

二

构建人生修为的必备根本法则

"损,德之修也;益,德之裕也""损,先难而后易;益,长裕而不设""损,以远害;益,以兴利。"这是《周易·系辞下》中"三陈九德"章节三次从道德修养的角度陈述损益两卦的卦义。"损,德之修",是强调通过减损人的欲望与邪念,以达到修养身心,提升品德的境界;"益,德之裕",是强调通过增益人的善良和正念,可以扩充人们的美德,使人的品德厚裕。但是,减损欲望与邪念,初做起来是很艰难的,只要你意念真诚,坚持下去,就越来越容易了;而增益你的善良和正念,就能达到品德的永久厚裕而不虚设。所以,减损邪念,克服欲望,可以远离祸害;增益善念,可以兴起利益。这分明是在讲述人们的修为应从把握损益之道开始,损去邪念和欲望,增益善念和美行。所以,我们说损益之道是人们修为的必备根本法则。

老子在《道德经》第四十八章说:"为学日益,为道日损。损之又损,以至于无为。无为而无不为。"可见,老子将损益之道运用于"为学"与"为道"两方面,强调"为学"用益道,"为道"用损道,这其实是从辩证思维的高度强调了"损"与"益"的内在关系。在老子看来,"为学"与"为道"是两个层次,为学是增长智慧的过程,而为道则是修养品德的过程。所以,老子所说的"为学日益"是在强调进德修业,这个过程一定要行益道,让你的智慧日益盈满。当然,这里的"益"一定是包含着"损",进德修业是需要进美德修正业,所以美德要"益"，正业要"益"，但恶德要"损"，邪业要"损"。"为道日损"，还要损之又损，以至无为，这是强调修道，要实施损道，而且实施损道要持之以恒，损之又损，达到无为的境界，则可悟道。这个损的过程也包含着"益"，因为损去邪念和贪欲，自然增益了你的品德，净化了你的心灵。所以"损"与"益"是相对的，是辩证的。

《周易·损·象》记载："山下有泽，损；君子以惩忿窒欲"。"惩忿窒欲"其实就是"德之修"的过程，就是老子讲的"为道日损"。唐代孔颖达在《周易正义》中说："君子以法此损道惩止忿怒，窒塞情欲……惩者，息其既往；窒者，闭其将来。惩窒互文而相足也。"通俗地说，就是要去除我们内心的各种欲望，因为正是各式各样的欲望占据着我们的内心，让我们不得一时的安静，缘生无边的烦恼，所以快乐尚无，何谈修道？因此，修道一定是行"损道"的，而"损"正好是损去杂念和贪欲，净化心灵。用现代语言说，"惩忿窒欲"就是管理好自己的情绪和欲望，是现代管理学中的"自我管理"或称"情商管理"。

其实，易经损道所提倡的"惩忿窒欲"是儒家思想中个人修为的第一要务。《论语》开篇就说："人不知而不愠，不亦君子乎？"这里的"不愠"就是不生气，就是"惩忿窒欲"的结果，也是君子人格的表现。用今天的话说，就是有效地做好了情绪的自我管理。坊间流传上海滩杜月笙的一句名言："头等人，有本事，没脾气；二等人，有本事，有脾气；末等人，没本事，大脾气。"我们不知这些话是否出自杜月笙之口，但的确蕴含着深刻的人身修为哲理，而说到底则是对易经损卦"惩忿窒欲"的诠释和应用。当代著名教育家、社会活动家季羡林先生曾经对健康有一个名词，叫做"三不主义"，其中最重要的就是"不生气"。这是对孔子"不愠"的最好诠释。可见，人们的修为过程,首先从修身开始,而修身的最重要关键点就是"惩忿窒欲",就是克制自己的欲望,做到"不生气"。

儒家经典《大学》中强调:"欲修其身者,先正其心……心正而后身修。"这就是说修身在正其心,而身所具有的"忿惶""恐惧""喜怒""忧患""哀乐"等情态,根源在于"心不正",这其实也是"惩忿窒欲"的意思。因为"忿"与"欲"皆出于"心",只有管理好自己的"心",才能真正达到儒家倡导的个人修为的最高境界"致中和"。在孔门弟子中,颜回堪称"惩忿窒欲"的表率。《论语·雍也》记载:"哀公问:'弟子孰为好学?'子曰'有颜回者好学,不迁怒,不贰过。不幸短命死矣!今也则亡,未闻好学者也。'"这是孔子对弟子颜回的品德、为学的最高评价。颜回能做到"不迁怒,不贰过",这正是"惩忿窒欲"的结果。《论语·季氏》篇载:"孔子曰:'君子有三戒:少之时,血气未定,戒之在色;及其壮也,血气方刚,戒之在斗;及其老也,血气既衰,戒之在得。'"这是强调了实践"惩忿窒欲"的具体法则。

当然,儒家将易经损卦的卦义进行发挥和张扬,并不是说要消除人之欲望。而是强调欲望不可过,主张"窒欲"和"寡欲",正当欲望一向是被儒家肯定和重视的。孔子曾指出,富贵乃人之欲也,但君子爱财要取之有道。《礼记·礼运》篇记载:"饮食男女,人之大欲存焉。"《孟子·尽心下》篇载:"养心莫善于寡欲。其为人也寡欲,虽有不存焉者,寡矣;其为人也多欲,虽有存焉者,寡矣。"这是孟子对易经损道的发挥,强调养心没有比减少欲望更好的方法了。那些平素欲望少的人,尽管也有失去本心的,为数却是很少的;那些平素欲望多的人,尽管也有能保存本心的,为数也是很少的。后来,宋代理学集大成者朱熹在解释《孟子》此章句时就说:"欲,如口鼻耳目四肢之欲，虽人之所不能无，然多而不节，未有不失其本心者，学者所当深戒也。"

后世儒家有"存天理，灭人欲"之说，这更是对易经损道作为人类修为重要法则的完整诠释。何为"存天理，灭人欲"？真的是要灭掉人的正当欲望，"压抑人性"吗？其实只要看看朱熹和他弟子的一段对话，就一目了然了。或问："饮食之间，孰为天理，孰为人欲？"朱子曰："饮食者，天理也；要求美味，人欲也。"(《朱子语类》卷十三)朱子不愧是明师，他的回答简洁明快，一语中的，给人以拨云见日之感。所谓"天理"，就是指人的正当欲望；而"人欲"，则是指人的贪欲和私欲！比如饥则欲食，寒则欲衣，这是"天理"；如果你饥寒交迫，想的却是山珍海味、锦衣玉食，那就是"人欲"！所以，儒家中"存天理，灭人欲"，是要求人们要存天理之公，灭人欲之私。这也是损道在人们修为过程中的最好诠释。

《周易·益·象》记载："雷风益，君子以见善则迁，有过则改。"见善则迁，有过则改，就是"德之裕"的过程，如果做不到见善而迁，有过而改，那么实施益道就达不到裕德的效果。人非圣贤，孰能无过？但有过并不可怕，有过改之，就能使德厚裕。其实，后学者对益道的发挥，也见于诸多文献，如《尚书·仲虺之诰》中就有"改过不吝"的记载；《国语·楚语下》说"有过必悛，有不善必惧"；《左传·宣公二年》中也讲"人谁无过，过而能改，善莫大焉"。凡此种种，都是对"迁善改过"的嘉言。

作为儒家创始人的孔子，更是一身都在实践益道的"迁善改过"，在《论语》中关于孔子论述"迁善改过"的辞章，比比皆是，如《论语·学而》中的"过则勿惮改"，《论语·子罕》中的"法语之言，能无从乎？改之为贵"，《论语·卫灵公》中的"过而不改，是谓过矣",《论语·子张》中的"小人之过也必文",《论语·季氏》中的"见善如不及,见不善如探汤";等等,都充分体现了孔子对"迁善改过"的高度重视。

当然,"改过迁善"作为实践益道的具体化,绝非一时一地之行为,而是贯彻终身、一以贯之的修身之道。从孔子的"加我数年,五十以学易,可以无大过矣"(《论语·述而》),到蘧伯玉的"年五十而知四十九年非"(《淮南子·原道训》),再到子贡的"君子之过,如日月之食焉:过也,人皆见之;更也,人皆仰之"(《论语·子张》)。从曾子的"朝有过,夕改,则与之;夕有过,朝改,则与之"(《大戴礼记·曾子立事篇》),到孟子的"人恒过,然后能改"(《孟子·告子下》)"古之君子,过则改之;今之君子,过则顺之"(《孟子·公孙丑下》),再到扬雄[①]的"是以君子贵迁善,迁善也者圣人之徒与"(《法言·学行》)。足可见,中国古人修为过程的功夫第次和规模境界,正可谓"冰冻三尺非一日之寒"!圣人并非天生,而是日改一过、日迁一善,不断修身进学而修炼成功的。

一言以蔽之,损与益是相辅相成的,互为作用的,从"损"做起,先"损"就是克服自己的性格弱点和贪婪之心,不乱发脾气,懂得换位思考,将心比心,尔后就能"益",而益则兴利,长裕不设,就能达到恒久。

由此可见,损益之道作为人们修为的法则。首先强调"损",强调"惩忿窒欲",为己要"损"去缺点,"损"去过错,"损"去贪欲,"损"去自利,只有这些不良的意念和行为全部都"损"掉,那么你自然就感觉天地宽了,那么你的修为就有了方向。其次强调"益","益"己一定要适度,一定要"见善则迁,有过改之";益他一定要心无旁骛,从内心深处施"益",要"益"其悦,"益"其心,"益"其利，让他人获得愉悦，心情舒畅，增长财富，实则自己收获了修养，提升了格局。

三

净化人性的秘药良方

人性是什么？一般认为人性就是人的本能。从心理学角度讲，人性涵盖两种最基本的本能，即生存与死亡。本能也叫本性，它是支配人的行为的最强大、最根本的原动力。现代心理学研究表明，驱动人类行为的所有心理动机，最初都缘于自己的欲望，只是在追求利益的方式上，会有善恶之别，从而就形成了人性善与人性恶两种不同的观点。在中国传统文化中，以孟子为代表的性善论和以荀子为代表的性恶论，虽然观点截然相反，但二者的人生价值取向是一致的，都主张加强后天的道德培养和思想教化，使人类不断完善自身，最终扬善弃恶。这种扬善弃恶的法则，就是易经的损益之道，就是倡导减损恶性，增益善性。

《孟子·告子上》记载："仁义礼智，非由外铄我也，我固有之也，弗思耳矣。"《孟子·尽心上》又载："君子所性，仁义礼智根于心。"可见，在孟子看来，人身上的仁义礼智等善性，不是由别人给予的，而是本身固有的。这种善性是与生俱来的，是固化于身的，扎根于心的，是先天的，只要人们通过生活实践，将本身固有的善性发扬出来，就能净化人的本性，使你的人格达到完美。孟子还指出"尧舜，性者也"（《孟子·尽心上》），说尧舜之所以能实行仁义，不是别的什么原因，而是因为他们的本性就是如此。当然，孟子把"仁义礼智"看作是人本身固有的善性，这也是"人之为人"、人区别于其他动物的本质属性。《孟子·告子上》记载："人之性善也，由水之就下也。人无有不善，水无有不下。"所以，孟子对人区别于其他动物是有明确的界定。"恻隐之心，仁之端也；羞恶之心，义之端也；辞让之心，礼之端也；是非之心，智之端也。"（《孟子·公孙丑上》）正因为人具有仁义礼智之善端，所以人性才是善的。

《荀子·性恶》记载："凡性者，天之就也，不可学、不可事。……不可学，不可事而在人者，谓之性。"在荀子看来，人的本性是先天的，这一点与孟子的观点是一致的。但是，荀子认为人性是恶的。《荀子·非相》记载："人之所以为人者，何已也？曰：以其有辨也。饥而欲食，寒而欲暖，劳而欲息，好利而恶害，是人之所生而有也，是无待而然者也，是禹桀之所同也。"《荀子·性恶》又载："人之性恶，其善者伪也。今人之性，生而有好利焉，顺是，故争夺生而辞让亡焉；生而有疾恶焉，顺是，故残贼生而忠仁亡焉；生而有耳目之欲，有好声色焉，顺是，故淫乱生而礼义文理亡焉。然则从人之性，顺人之情，必出于争夺，合于犯分乱理而归于暴。故必将有师化之化，礼仪之道，然后出于辞让，合于文理，而归于治。由此观之，然则人之性恶明矣，其善者伪也。"由此可见，荀子从人的物质欲望、心理要求等多方面，对"人性恶"的观点进行论述。他强调人饿了就要吃，冷了要就穿，累了就要歇，爱好利益，厌恶祸害，这些都是人生下来就有的本性，无须学习就是这样的，也是禹、桀所相同的。但是，人的这些"好色好利、憎丑恨恶"的本性，如果不加以教化、引导和克制，顺其自然发展，那么社会就会充满争夺、残暴、淫乱。所以，他提出要"立君上之势以临之，明礼义以化之，起法正以治之，重刑罚以禁之"（《荀子·性恶》）。其实质，就是强调以要以道德的、政治的、法律的手段去改恶扬善。

总之,在孟子与荀子两位哲人中,一个从人性善出发,强调善性不加以保养和发扬就会变恶,从而得出了需要道德修养和道德教化的结论;一个从人性恶出发,强调恶性需要后天的道德礼法教化,以弃除恶性,改变人的本性,达到从善的目标。前者是通过教化保住人的善性,后者是通过教化改变人的恶性。所以,无论是存心养性,还是化性弃伪,都倡导后天在人类社会生活中的品德修为。而这一点,正是孟、荀二子对损益之道在人性修为、净化心灵方面的生动写照。虽然,孟、荀二子未直接引用损益之理,但很明显,就人性而言,不论其本原是善还是恶,最终的目的是要减损恶而增益善。

其实,在中华文化传承过程中,关于人性善或恶的争论,历来观点不一,汉代大儒扬雄在其著作《法言·修身》就写道:"人之性也,善恶混。修其善则为善人,修其恶则为恶人。"扬雄的"善恶混杂说"或许比"性善说"或"性恶说"更经得起推敲一些。明代圣人王阳明则提出"无善无恶心之体,有善有恶意之动。知善知恶是良知,为善去恶是格物"的观点,实质是回避了人性之本为"善"或为"恶"的命题,而从实践说的角度强调人类对自身品德修养、净化心灵、纯洁人性的重要性,不论你的善性或性恶从何而来,只要在社会实践中时时刻刻记住减损你的恶性,增益你的善性,那么你的心灵、心性就能得到净化,你的人生格局自然就宽阔广达。

从现代社会学的视角观察人的行为,任何人都是善恶一体的,善与恶是相互制约的,所以单纯强调人性本善或者本恶的观点,应该都是不全面的。利己不一定就是恶的,利己的同时也利人,这就是善的。所以,人是社会人,是生活在群体之中,人不会只为单纯的利益而活。因此,人性之善与恶需要以道德层次进行划分:舍己为人是大善，利人利己是为善，损人利己是为恶，损人不利己是大恶。这就是损益之道在纯洁人性方面的另一层表达。损益之道强调"损中有益，益中有损""损此益彼，损彼益此"，损与益总是在相互依存、相互作用中行进的。这在人性修养中，就是善性与恶性的相互作用。

四

塑造易经人道理论的核心思想

1973年湖南长沙马王堆出土的《帛书经易·要》（第四章）叙述了孔子研易至损益两卦，顿时感叹不已，并告诫弟子说："损益之道，足以观天地之变，而君者之事已。是以察于损益之变者，不可动以忧意。故明君不时不宿，不日不月，不卜不筮，而知吉与凶，顺天地之心，此谓易道。"可见，孔子研《易》至损、益两卦，已大彻大悟，洞明了易道核心。所以感叹："夫损益之道，不可不审察也，吉凶之（门）也。"在《淮南子·人间训》中也有同样的记载，曰："孔子读《易》至损益，未尝不愤然而叹，曰：'益''损'者，其王者之事与？事或欲以利之，适足以害之，或欲害之，乃反以利之。利害之反，祸福之门户，不可不察。"

汉代刘向②更是借孔子与弟子子夏的对话，突出强调了损益之道作为整部易经人道思想的核心。其所著《说苑·敬慎》记载："孔子读《易》，至于损益，则喟然而叹。子夏避席而问曰：夫子何为叹？孔子曰：夫自损者益，自益者缺。吾是以叹也！子夏曰：然则学者不可以益乎？孔子曰：否！天之道，成者未尝得久也。夫学者以虚受之，故曰得。苟不知持满，则天下之善言不得入其耳矣。昔尧履天子位，犹允恭以持之，虚静以待之，故百载以逾盛，迄今而益章。昆吾自藏而满意，穷高而不衰，故当时而亏败，迄今而逾恶，是非'损''益'之征与？吾故曰：谦也者，致恭以存其位者也。夫'丰'明而动故能大，苟大则亏矣。吾戒之，故曰：天下之善言不得入其耳矣！日中则昃，月盈则食，天地盈虚，与时消息，是以圣人不敢当盛，升与而遇三人则下，二人则轼，调其盈虚，故能长久也。子夏曰：善！请终身诵之。"这段文字详细记载了孔子与子夏之间关于易经损益之道的体悟，文中"以虚受之""允恭以持之""虚静以待之""不敢当盛""调其盈虚"等表达，都在强调"损盈益虚"，其核心就是"自损者益，自益者缺"。所以，体悟损益之道的关键点，就是要深刻领会"自损最终是益的；自益最终是损的"的道理，也就是现在人们常说的"吃亏是福，先舍而后能得"。

损益之道的思想在《周易》的其他卦中也多有体现。如被称为六十四卦中最吉祥的谦卦，其卦义就是"损益之道"的体现。《周易·谦·象》记载："地中有山，谦。君子以裒多益寡，称物平施。"在谦卦《象》传中，将广阔的大地引喻为百姓，而将山引喻为少数的权贵。"地中有山"就是指在广大庶民中间存在一些权贵。权贵财富丰盈，而庶民财寡贫穷，这是一种不平等的现象。君子观此卦象，应取财富者以益财寡者，称量其财物之多寡，以定其公平之施予。所以叫"君子以裒多益寡，称物平施"。这里的"裒多益寡"与损益之道的"损上益下"完全是相通的。《周易·系辞上》(第八章)记载："劳而不伐，有功而不德，厚之至也。语以其功下人者也。德言盛，礼言恭。致恭以存其位者也。"这是孔子对谦卦九三爻辞"劳谦，君子有终，吉"的解释。在孔子看来，谦谦君子能自始至终地吉祥，是因为他有劳而不自夸，有功而不居，忠厚至极。而正是这种敦厚至极的品德，使其甘居人下，功德愈盛，礼则愈恭，谦逊致恭而保存其位。所以谦卦九三《象》说："劳谦君子，万民服也。"谦卦九三爻辞的卦义与益卦《象》传所述的"损上益下，民说无疆"在本质上就是同一个意思。

又如剥卦《象》曰："山附于地，剥。上以厚下安宅。"同样是将山引喻为权贵，将地引喻为庶民百姓，"山附于地"是指权贵依附于百姓而生存。君子观此象，应该厚待百姓，使之安居而免于剥。这里"厚下"同样内含"损上益下，取多益寡"的道理。再如屯卦的初九《象》说："以贵下贱，大得民也。"这是在阐释初九爻辞中的"利建候"，说君子要分封诸侯，首先要以贵下贱，礼敬百姓，这样就能大得民心。这与益卦的"以上下下，其道大光"可谓如出一辙。

注释：
① 扬雄（前53—18），字子云，蜀郡郫县（今四川省成都市郫都区）人。汉朝时期辞赋家、思想家，庐江太守扬季五世孙，名士严君平弟子。著有《法言》《太玄》等，是汉朝时集道家思想和儒家思想于一体的继承和发展者，对后世意义可谓重大。
② 刘向（公元前77—公元前6），原名刘更生，字子政，沛郡丰邑（今江苏省徐州市）人。汉朝宗室大臣、文学家，楚元王刘交（汉高祖刘邦异母弟）之玄孙，阳城侯刘德之子，经学家刘歆之父，中国目录学鼻祖。以门荫入仕，起家辇郎。汉宣帝时，授谏大夫、给事中。汉元帝即位，授宗正卿。反对宦官弘恭、石显，坐罪下狱，免为庶人。汉成帝即位后，出任光禄大夫，改名为"向"，官至中垒校尉，世称刘中垒。建平元年，去世，时年七十二岁。曾奉命领校秘书，所撰《别录》，是我国最早的图书公类目录。今存《新序》《说苑》《列女传》《战国策》《五经通义》。编订《楚辞》，联合儿子刘歆共同编订《山海经》。散文主要是奏疏和校雠古书的"叙录"，较有名的有《谏营昌陵疏》和《战国策·叙录》，以叙事简约、理论畅达、舒缓平易为主要特色，作品收录于《刘子政集》。

第二十四章　自然的心性观

易经强调，圣人效法易道的根本是和顺自然，遵循融合天、地、人三才于一体的自然法则，按照"阴阳、柔刚、仁义"的自然之理，以穷天理、正性命。对于处在新时代的我们，又能从《易经》这古奥的自然之道中体悟到什么呢？笔者认为，自然之道最大的启示是号召人们培养自然而然的心性观，只要人们的心性是自然的，那么人生旅途上的一切起伏波动最终都将和和顺顺地归于自然，走到人生旅途的终点站，也就能够很自然地归藏大地，这就《易》所倡导的人生最高目标。

一

人心本是自然

在《易》作者看来，人类和宇宙万物是一样的，都是天地自然而然的产物，人类社会也是自然发展的结果，人是自然的一部分。《周易·序卦》记载："有天地，然后有万物；有万物，然后有男女；有男女，然后有夫妇；有夫妇，然后有父子……"这就是说，天地是万物的本源。有了万物，然后才有男女、夫妇、父子、君臣、上下的社会关系，才有人类社会。因此，人是自然的产物，是自然的一部分。泛而言之，是自然主宰着宇宙的一切，当然也包括主宰着人类。而人心是人的一部分，所以人心本是自然的一部分。但是，人又有独特的思维方式和想象力，这种思维方式和想象力源于人之心，是意念在人们心中的集聚。这就是人类区别于宇宙一般动物的本质特性。意念的集聚可大可小、可多可少，意念的形成有好有坏、有善有恶，这就是人类特有的属性。自然之道则强调，意念的集聚和形成一定要有度，因为人类总是想通过行动的展示来实现这种意念，一旦付诸实施，就脱离了自然，也往往违背了自然。但这种想象力或者意念是自然的，是不受制约的，乞丐可以想象自己是国王，光棍可以想象自己妻妾成群，你可以想象自己天马行空摘走星辰，也可以想象深潜洋底对话阎王，随你怎么想都行，这是生命禀赋的自由世界，不管怎么想，不受惩罚，不得奖励，只要你自己开心，能满足你的心愿，怎么想都行。这就是本心所具备的自然。

  但是，人类往往起心而动念，想象力或意念的形成是本心，完全是自娱自乐地进行或已经完成的意识活动；而动念是想付诸实施、付诸行动的内心活动，这已不是本心的自然。所以，想象与动念有着本质的区别。易经启示人们，要遵循本心，心无旁骛，做到我心光明；而减少起心动念，将美丽的念想存于想象中，按照自然之心行事，那么事事则可顺心顺利。如果一个人总是起心动念，按照你的意念行事，那么就破坏了本心的自然，最终往往是伤及本心，违背自然。

二

人性本是自然

在中华文明的传承中,认识人性则从先天与后天两个维度展开,这与上文所述的现代科学对人性的定义是完全不同的。孔子说:"性相近,习相远也。"以此将人性划分为先天性和后天性两部分,而其本质部分是先天的。人性的本质是指人的本质心理属性,即心性,这才是人之所以为人的标志,而这种标志是与生俱来的,是先天的,也就是自然的。中国文化认为,人性的本质是自然的,即"性相近";而人性受后天社会因素的影响,才可能出现善、恶、美、丑等不同的表现形式,即"习相远也"。所以,无论人性是善、是恶,还是无善无恶,人性之始总是"相近"的,这个"相近"其实体现为人仍然离不开生老病死的宇宙自然规律。可见,从人性的角度出发,人类一定包含着与其他动物所共有的那部分心理属性,这种属性也就不可能是后天的结果,只能是人类天性,属于无条件反射的。所以,人性是自然的。

三

人生本是自然

易经认为,人生的理想应当与天地相合,达到天人和谐的最高境界。《周易·系辞上》(第四章)记载:"与天地相似,故不违;知周乎万物而道济天下,故不过;旁行而不流,乐天知命,故不忧;安土敦乎仁,故能爱;范围天地之化而不过,曲成万物而不遗,通乎昼夜之道而知"。这是主张人与自然的关系要"不违""不过",讲究天人和谐，启示人们正确地解决人与自然的关系问题。

易经认为，自然是宇宙普遍生命大化流行的境域，是自然养育了人类及万物。所以，天有德、有善、有仁，有"无穷极之仁"（语出《春秋繁露·王道通三》）[①]。而天所有"德、善、仁"都集中表现在大自然永恒的创造力之中，"天地感而万物化生"（语出《周易·咸·象》）。"天地之大德曰生""生生之谓易"（语出《周易·系辞上》）。一个"生"字，概括了宇宙的根本法则，天地以此心，普及万物，使整个宇宙充满了生机、活力，成为生生不息、日新月异的大化流行过程，生命始终流畅不滞，盎然不竭。而生命是人生的承载，所以不论你走上了怎样的人生之路，其实质都是生命的自然过程。因此，说到底人生本是自然。

四

人要和顺自然

中国人历来倡导天人和谐，这种思想是处理人与自然关系的最有效最和谐模式。一方面，强调天、地、人三才的统一，将人类的因素放在天、地之中，作为宇宙的参与者来对待，而不是将人类游离于宇宙之外，作为旁观者来对待；另一方面，则突出人的特殊性，强调人不同于一般宇宙动物，人具备一般宇宙动物所不具有的理性思维，所以人与自然的关系定位在积极的、向上的和谐共处的关系上，不主张片面征服自然，而主张顺应自然。

易经强调的天人合一思想，首先是肯定了天道的创造力，强调天道不可违，而人则应"与天地合其德，与日月合其明，与四时合其序"（语出《周易·乾·文言》）；其次指出天道有仁德，并且能够将

"仁德"的精神推广及于天下，泽及草木禽兽有生之物，达到天地万物人我一体的境界，天、地、人合德并进，圆融无间。由此可见，在《易》作者看来，人与自然"本是同根生"，人类应以对自然真诚的爱心，理智地控制自己的行为，恢复人与自然的亲密和谐关系，把自然看作人类的伙伴，主动将人类自身融入天地之中，在高度发达的物质基础上，进入更高层次的精神境界。

顺应自然就是顺应客观规律和自然法则，绝不将自己的意志强加于规律和法则之上，用人类自己的动念去改变法则。易经启示人们：顺应自然，则宇宙万事万物就会和谐，人类活动也就会事事如意顺心；违背自然，则宇宙万事万物将会紊乱，就会相互冲突，进而就出现飓风冰雹、干旱酷暑、瘟疫肆虐等极端气象，而人类处于极端气象之中，就会烦恼痛苦、惆怅焦虑。这就是说，顺应自然，就会受到自然的奖励；违背自然，就会受到自然的惩罚。

注释：
①《春秋繁露》是中国汉代哲学家董仲舒所作的政治哲学著作。《春秋繁露》推崇公羊学，发挥"春秋大一统"之旨，阐述了以阴阳五行，以天人感应为核心的哲学—神学理论，宣扬"性三品"的人性论、"王道之三纲可求于天"的伦理思想及赤黑白三统循环的历史观，为汉代中央集权的封建统治制度，奠定了理论基础。